살아 있는
가정

살아 있는 가정

지은이 | 도은미
초판발행 | 2005. 4. 5.
11쇄 발행 | 2020. 9. 12
등록번호 | 제 3-203호
등록된 곳 | 서울시 용산구 서빙고동 95번지
발행처 | 사단법인 두란노서원
영업부 | 749-1059 FAX 080-749-3705
출판부 | 794-5100(#344)
인쇄처 | 영진문원

▎책값은 뒤표지에 있습니다.
ISBN 89-531-0531-5 03230
　　　89-531-0530-7 03230 (전 4권)

▎독자의 의견을 기다립니다.
tpress@tyrannus.co.kr http://www.Durano.com

가정 44

> 두란노서원은 바울 사도가 3차 전도 여행 때 에베소에서 성령 받은 제자들을 따로 세워 하나님의 말씀으로 양육하던 장소입니다. 사도행전19장 8-20절의 정신에 따라 첫째 목회자를 돕는 사역과 평신도를 훈련시키는 사역, 둘째 세계선교(TIM)와 문서선교(단행본·잡지)사역, 셋째 예수문화 및 경배와 찬양 사역, 그리고 가정·상담 사역 등을 감당하고 있습니다. 1980년 12월 22일에 창립된 두란노서원은 주님 오실 때까지 이 사역들을 계속할 것입니다.

살아 있는 가정

도은미 가정해부학 1

두란노

도은미 가정해부학 1

여는 글   6
가정해부학이란?   9

part I. 가정은 생명체입니다   15
   1. 생명을 낳고 전염시키고   16
   2. 독특한 생존법   19
   3. 가정을 해석하는 4가지 시각   27

차례

part Ⅱ. 가정은 시스템입니다 33

1. '가정의 눈'은 시스템 언어 35
2. '가정의 눈'으로 본 가정 시스템 38

    조직으로 움직인다/많은 영역이 있다/구성원의 개성 때문에 독특한 특성을 가진다/경계선이 있다/상호 관계 작동 방법이 있다/서로에게 연계된 행동을 통해 안정성을 유지한다/피드백 장치로 수정된다/변하지 않으려고 한다

part Ⅲ. 가정은 고유한 매뉴얼을 가집니다 87

1. 가정의 '오장' 89

    감정 시스템/가치 시스템/권력 시스템/관계 시스템/집행 시스템

2. 가정의 '육부' 99

    가정을 지배하는 법이 있다/가정은 하위 조직으로 구성되어 있다/각 가족에게는 주어진 역할이 있다/가족들은 독특한 방법으로 대화한다/가족간에는 꿰게 거리가 정해져 있다/가정은 항상 예식을 치른다

1권을 마치며 151

여는 글

　　　　　　　　　결혼하는 다섯 쌍 중 세 쌍
이 이혼할 정도로 오늘날 이 시대는 가정들이 급속도로 해체되고 있습니다. 그러므로 이제 가정을 세우는 일은 능력 있는 몇 사람들만이 감당해야 하는 특별한 사역이 아닙니다. 가정을 가진 사람이라면 모두가 각성하고 의기투합하여 이루어내야 할 생명의 과제가 되었습니다.

　이 시대를 일컬어 "웹 시대"라고 합니다. "웹-라이프 스타일", "웹-비즈니스 스타일" 등 십 년 전만 해도 사전에 실리지 않았던 언어들이 자연스럽게 구사되는 정보 시대입니다. 그런데 참 아이러니하게도 정보 시대에 살고 있는 가정들이 막상 가정에 대한 정보를 수집하거나 처리하지 못해 많은 어려움을 겪고 있습니다.

　"웹 시대"는 모든 면에서 신속함과 편리함을 요구합니다. 그러나 가정은 그 특성상 이러한 시대의 요구에 발맞출 수 없습니다.

한 예로 부부가 하나 되기 위해서는 일평생이란 긴 기간이 필요합니다. 마찬가지로 자녀들의 성장 또한 하루아침에 이루어지지 않습니다. 이 일은 시간을 요하고, 과정을 필요로 하며 희생의 값을 치러야 하기 때문입니다.

자녀 하나를 기르는 일에도 부모들의 피눈물 나는 노력이 필요합니다. 자녀를 통해 배우고, 자녀 때문에 변화하고, 자녀와 함께 적응해야 하는 평생의 작업이 곧 자녀 양육이기 때문입니다.

이렇듯 가정에 관한 그 어떤 것도 한순간에 이루어지지 않습니다. 아무리 웹 시대의 흐름에 발을 맞추려 해도 가정은 그 존재 양식 자체가 웹과는 다르기 때문입니다. 빨라질 수도, 간편해질 수도, 편리해질 수도 없습니다. 시간이 흐르면 흐를수록 가정은 문제를 안게 되고, 문제를 앓다가 마침내 문제로 대두됩니다.

가정의 질서와 "웹"의 질서는 다릅니다. 가정이 웹의 속도에 맞춰 신속해지려고 발버둥치면 칠수록 가정은 오히려 주춤거리고, 불편해지고, 아파합니다. 간편해지려고 하면 할수록 도리어 복잡해집니다. 편리해지려고 몸부림치면 칠수록 병들어 갑니다. 병들면 아프기에 서로를 대적하며 살아갑니다.

또 가정은 하나님의 생명의 질서를 가지고 있습니다. 그러므로 희망으로 인내하고, 사랑으로 품어 주고, 믿음으로 세워 줘야만 성장해 나갑니다. 그러나 웹은 기다려 주지 않고, 용납하지 않고, 세워주지 않습니다. 맘몬의 파괴 질서가 그 안에서 작동하여 모두를 조급하고, 성급하고, 불안하게 만들기 때문입니다.

가정들이 무너지고 있습니다. "가정 붕괴"라는 단어가 우리 귀에 점점 익숙해지고 있습니다. 가정이야말로 사람을 남기는 곳이요 관계를 남기는 곳입니다. 이익을 추구하는 곳이 아니라, 희생을 연습하는 곳입니다. 그러므로 가정의 고귀함과 소중함을 깨닫지 못함으로 인해 가족끼리 원수가 되어 서로 죽이고 죽는 참극이 더 이상 되풀이 되어서는 안 됩니다.

가정은 지켜져야 하고 세워져야 합니다. 서로 돕고 힘을 합해야 하는 곳입니다. 연약한 무릎을 세우고 떨리는 손을 서로 잡아주어야 합니다. 깨어지는 가정들에게 희망을 주어 일으켜 세워야 합니다. 이 세상이 혼란스러울수록 가정을 향한 하나님의 창조 목적을 새롭게 발견하고, 그 계획과 사역을 깨달아 민첩하게 움직여야 합니다.

그러나 가정을 세우는 일은 홀로 할 수 없습니다. 우리는 팀으로 일해야 합니다. 함께하십시오. 가정을 지키고 세우는 일은 이 시대에 가장 시급한 복음 사역입니다.

— 도은미

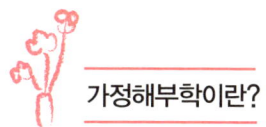

가정해부학이란?

　　　　　가정해부학은 말 그대로 가정을 해부하는 학문입니다. 가정을 해부하여 그것이 어떻게 작동하는지, 그 특유의 작동 방법을 알아보고 처방하여 회복시키는 학문입니다. 학문이기에 먼저 이론적 기초가 단단히 세워져야 합니다. 생활에서 증명된 실질적인 예화가 있어야 하고, 모든 가정에 공통적으로 적용이 가능해야 합니다. 그래서 그 이론을 통해 가정의 과거를 보는 것뿐만 아니라, 현재를 파악하고, 미래를 준비할 수 있어야 합니다.

　가정해부학은 그러한 목표를 이루기 위한 학문입니다.

　가정나 사기의 가정을 움직이는 독특한 방법이 있습니다. 김씨 집은 돈은 없어도 성실함으로, 이씨 집은 기회를 잘 이용하여 돈을 모음으로, 박씨 집은 화를 내고 소리를 지름으로, 최씨 집은 똑똑함으로….

각자 독특한 방법으로 자신의 가정을 작동시킵니다. 가정을 공부하고 그 작동 방법을 알아내는 것, 그것이 가정해부학의 중요한 목적 중 하나입니다.

지금부터 가정을 보는 눈과 가정의 전반적인 언어를 소개하겠습니다. 즉, 가정 시스템이 어떻게 작동하는지, 가족들이 어떻게 서로 연결되어 있는지, 왜 그렇게 연결되지 않으면 안 되는지, 어떻게 그 시스템 속에서 빠져 나올 수 있는지, 왜 빠져 나올 수 없는지 등을 알려드립니다.

가정에 대한 전반적인 언어를 이해한 후에는, 그것을 "사연"이라는 도구로 풀어갈 것입니다.

"사연"은 가정 시스템을 작동시키는 가장 강력한 원동력입니다. 그로 말미암아 가정이 틀을 잡고, 냄새와 모양과 색깔을 나타내는데, 이에 대해서는 두 번째 책에서 소개할 것입니다.

가정을 해부한다는 것은 가정을 죽은 것으로 간주한다는 뜻입니다. 이 설정은 성경적인 뒷받침을 필요로 하기에 가정해부학 제3권에서는 가정을 이해하기 위한 성경적인 눈을 소개할 것입니다. 성경적인 눈과 함께 가정을 만드신 하나님의 뜻과 목적과 그 일을 이루시기 위한 하나님의 계획 등을 다룰 것입니다.

저는 가정해부학 시리즈를 통해 가정의 작동 방법에 대한 지속적인 이해를 도울 것입니다. 가정해부학의 깊이 있는 연구를 통해 가정이 분석되고, 치유되며 더 나아가서 회복되는 귀한 역사가 일어나기를 소망하기 때문입니다.

아무쪼록 이 책이 가정에 관심이 있는 분들에게 귀한 자료가 되기를 간절히 소망합니다. 가정을 이해할 뿐만 아니라, 가정의 잘못된 작동 방법을 정지시키고, 새로운 역동을 시작할 수 있는 귀한 지혜서가 되기를 소망합니다.

가정을 가지고 있는 우리 모두에게 하나님의 인도하심과 치유하심이 함께하시기를 기도합니다. 우리 모두에게 하나님의 회복의 축복이 임하기를 기원합니다.

창세기 3장 14~19절

여호와 하나님이

뱀에게 이르시되

네가 이렇게 하였으니

네가 모든 육축과 들의 모든 짐승보다 더욱 저주를 받아

배로 다니고 종신토록 흙을 먹을지니라

내가 너로 여자와 원수가 되게 하고

너의 후손도 여자의 후손과 원수가 되게 하리니

여자의 후손은 네 머리를 상하게 할 것이요

너는 그의 발꿈치를 상하게 할 것이니라 하시고

또 여자에게 이르시되

내가 네게 잉태하는 고통을 크게 더하리니

네가 수고하고 자식을 낳을 것이며

너는 남편을 사모하고

남편은 너를 다스릴 것이니라 하시고

아담에게 이르시되

네가 네 아내의 말을 듣고

내가 너더러 먹지 말라 한 나무 실과를 먹었은즉

땅은 너로 인하여 저주를 받고

너는 종신토록 수고하여야 그 소산을 먹으리라

땅이 네게 가시덤불과 엉겅퀴를 낼 것이라

너의 먹을 것은 밭의 채소인즉

네가 얼굴에 땀이 흘러야 식물을 먹고

필경은 흙으로 돌아가리니

그 속에서 네가 취함을 입었음이라

너는 흙이니 흙으로 돌아갈 것이니라 하시니라

part I

가정은 생명체입니다

1. 생명을 낳고 전염시키고
2. 독특한 생존법
3. 가정을 해석하는 4가지 시각

1. 생명을 낳고 전염시키고

'해부'라는 단어는 원래 죽은 사물에게만 부여되는 단어입니다. 죽은 것을 해부하지 살아 있는 것은 해부하지 않습니다. 그러니까 해부라는 단어를 사용한다는 자체가 이미 죽었다는 것을 의미합니다.

물론 가정은 살아 있는 생명체이기에 가정을 공부하는 과목이 있다면 '가정생체학'이라고 불러야 옳습니다. 그런데 왜 생명체인 가정을 다루면서 해부라는 단어를 사용할까요?

그 이유는 앞에서 언급했듯이 이 시대의 가정이 본연의 생명력을 잃고, 오히려 죽음을 전염시키는 사망체로 존재하기 때문입니다.

실제로 살아 있지 않은 가정은 죽음을 전수합니다. 사람들은 깨어진 관계 속에서 고립되고 병들어 죽어가기 때문입니다. 이런 가정의 은밀하고 이기적이고 사망적인 정체성과 고질적이고 병적인 습성을 밝히 파헤치는 것이 바로 가정해부학의 목적입니다. 그래서 가정마다 그 병적 사이클에서 빠져 나와 생명의 사이클로 돌격하여 생명체가 되기를 바라는 것, 이것이 가정해부학을 여는 마음의 소망입니다.

 이제 가정을 해부합니다. 가정을 해부하기 위해선 여러 가지 도구와 다양한 방법을 사용할 수 있습니다.
 그러나 다른 어느 방법보다 "이야기"라는 도구를 사용하여 가정을 해부할 것입니다. 1권에서는 '사연' 이라는 단어보다 그것을 설명하기 위한 '이야기'로 전개할 것입니다. 사람을 움직이는 개인의 이야기를 통해 가정의 오장 육부를 상세히 들여다보고, 가정이 어떻게 작동하는지 그 시스템적 작동 방법을 알고 깨닫는 교육의 장을 펼칠 것입니다. 치유와 회복이 이에서 연계되고, 성장과 성숙이 그 결과로 일어나기를 간절히 기대합니다.
 가정은 살아 움직이는 생명체요 생명을 연습하는 공동체입니다.
 그러므로 생명을 낳고 전염시키는 생명의 장이어야 합니다. 공동체적인 능력을 발휘하는 삶의 터전이어야 합니다. 함께 살아가는 거룩한 공동체적 질서를 터득하는 가정, 서로 사랑으로 연결하고 믿음으로 상합하여 소망으로 연합하는 가정, 그런 가정 공동체는 생명이 있고, 기쁨이 있고, 힘이 있습니다.

가정 안에서 하나님의 사랑의 성품, 성실한 성품, 거룩한 성품이 작동되어야 비로소 살아 있는 생명체로서 움직이는 맛을 경험할 수 있습니다. 그러면 해부당하지 않습니다.

가정해부학을 통해 하나님이 의도하신 여러분 가정의 청사진을 보십시오. 살아 있다는 것이 무엇을 의미하는지 밝히 깨달으십시오.

해부당하지 마십시오. 살아 있는 가정이 되십시오. 생명을 생산하십시오. 가정은 생명의 근원이라는 말을 체감하며 살아가십시오.

2. 독특한 생존법

엄씨는 무척 무섭고 강한 아버지로 소문이 나 있는 사람입니다.

그의 집에 맏며느리가 들어왔습니다.

평생 기가 죽어 살았던 엄씨 부인은

며느리의 출현을 무척 기뻐했습니다.

전선에서 홀로 전쟁을 치르던 외로운 전투병이 동지를 만난 듯,

똑똑하고, 말도 잘하며, 싹싹하고, 지혜로운 며느리를

엄씨 부인은 무척 좋아했습니다.

무슨 일이 있으면, 열이면 여덟은 며느리와 의논하여 해결했습니다.

남편에게 혹 곤란한 말을 전해야 할 때면 며느리를 시켰고,
가정 일로 남편과 불편한 일이 생기면
며느리가 나서서 해결을 보게 했으며,
혹 남편을 설득할 일이 있어도
며느리로 하여금 시아버지의 마음을 부드럽게 하여
일을 성취하도록 도움을 청했습니다.
착하고 말 잘 들었던 며느리는 어머니를 돕고자 하는 마음에
또 좋은 며느리가 되고 싶어서 시키는 대로 온갖 지혜와
지식을 동원하여 가정의 일을 열심히 해결해 나갔습니다.

엄씨도 며느리를 참 좋아했습니다.
아내의 말은 잘 듣지 않아도 며느리의 말은 잘 들어주었습니다.
고분고분 다가와 미주알고주알, 상세히 상황을 설명해 주며
도움을 청하고 허락을 바라는 며느리의 태도와 행동이
무척 고맙기도 하고, 마음에 흡족하기도 했습니다.

항상 은밀히 행동하고, 뭔가 감추는 듯했으며,
저 멀리서 쭈뼛쭈뼛 다가오지 못하고,
막내딸을 친구 삼아 살아가는 아내가 늘 못 마땅했습니다.
통 말이 없고, 무뚝뚝하고, 자라면서 점점 무서워지기도 하는 세 아들.

살아 있는 가정

각자 제 할 일만 하는 세 아들과의 관계에서도
항상 따돌림을 당하는 듯하여 기분이 나빴습니다.
집안에 무슨 일이 일어나는지 전혀 모르고 있다가
사건이 터지고 나면 그때야 급하게 수습을 해야 했던 엄씨로서는
며느리의 출현은 꽉 막힌 골목길에서 돌파구를 찾은 듯,
참으로 기쁜 일이었습니다.
맏며느리가 들어오면서 가족간에 대화가 시작된 것 같았고,
가정의 크고 작은 일들이 곪아터지기 전 해결되는 것 같아
마음이 한결 놓였습니다.
엄씨는 며느리가 참 고맙고 예뻤습니다.

맏아들 또한 아내를 생각할 때마다 마음이 참 뿌듯했습니다.
아내가 가정이 잘 돌아가도록 윤활유의 역할을 잘 감당해 주었고,
그동안 **뻑뻑**했던 가족 간의 관계를 편안하게 해 주었습니다.
아내로 말미암아 맏아들인 자신의 위신이 세워진 것 같아
아내가 무척 고마웠고, 또 기분도 매우 좋았습니다.

어느덧 남동생 둘이 다 장가를 들었고,
막내여동생도 시집을 갔습니다.
엄씨 부인은 맏며느리와 의논하시던 일들을 둘째며느리와도 했고,

셋째며느리와도 했습니다.

어떤 때는 막내사위도 상당한 해결사 역할을 해냈습니다.

그러나 그들의 출현은 가끔 일 뿐,

매일 일어나는 가정의 대소사는

역시 맏며느리 손에서 해결되었습니다.

그러던 어느 날 시아버지가 아프기 시작하시더니,

급속도로 퍼진 암으로 인해

갑자기 세상을 떠나고 말았습니다.

태풍처럼 무섭고 강철 같은 아버지가

그렇게 급하게 암으로 세상을 떠나실 줄은

가족 그 누구도 상상도 못했던 일이었습니다.

예수를 잘 믿었던 며느리는

시아버지의 구원을 위해 많은 노력을 해 왔었고,

병상에 누워 계시는 동안 매일 목사님을 모셔와

예수님을 영접하시도록 권유했습니다.

다행히 세상을 떠나기 바로 전, 아버님은 예수님을 영접하셨고,

고요히 하나님 곁으로 가셨습니다.

당연히 목사님이 장례식의 모든 순서를 맡아

해 주실 줄로 알고 있었던 맏며느리는
절에서 오신 스님들과 불교 예식으로 치러지는 장례식으로 인해
뒤통수를 얻어맞은 듯, 멍하여 어찌할 바를 몰랐습니다.
한마디 의논도 없이 결정하신 어머님이 너무 야속했고,
그런 일을 알면서도 말하지 않았던 남편에게도
큰 배신감을 느꼈습니다.
이런 상황을 조금도 예측할 수 없었던 자신이
너무 바보같이 느껴졌습니다.

'다른 사람들은 다 알고 있었는데 왜 나만 모르고 있었지?
왜 나에게는 아무도 말해 주는 사람이 없었지?'
며느리는 모든 가족에게서,
특별히 어머니에게서 배신을 당한 기분이었습니다.
큰일을 치르는 상황 속에서, 그 많은 사람들이 오고가는 상황 속에서,
며느리는 외톨이가 된 느낌이었고,
남의 집에 다니러 온 외부인처럼 느껴졌습니다.

불교신자라는 말은 들었지만,
한 번도 절에 가시는 것을 보지 못했고,
며느리가 교회에 나가는 것도 전혀 반대하지 않으셨던 어머니였습니다.

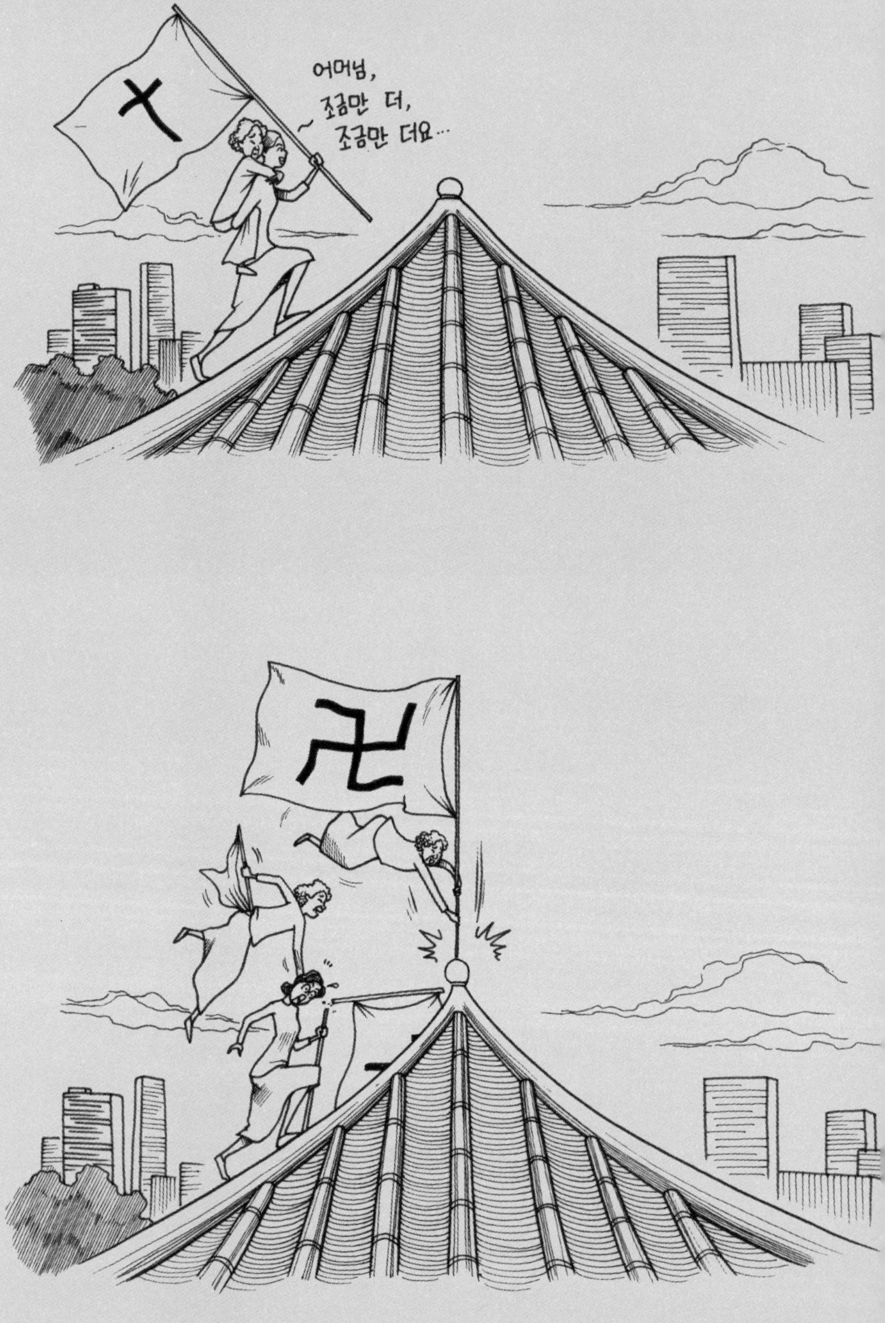
어머님,
조금만 더,
조금만 더요…

아버님이 예수님을 영접하시는 것을 목격하신 어머님이
아버님의 장례식에 스님을 모시고 불교 예식으로 치르실 줄은
전혀 상상도 못한 일이었습니다.
남편을 붙들고 갖은 애를 써 설득하려 해도
예수님을 영접하고 돌아가신 아버님께
이게 무슨 짓이냐고 아무리 소리쳐 봐도,
누구 하나 귀담아 들으려고 하지 않았습니다.
맏아들의 팔을 의지하여 서 계신 어머니는
두 아들과 두 며느리 그리고 딸과 사위에 둘러싸여
마냥 힘을 얻고 계셨고, 위안을 받는 듯했습니다.

장례식 이후에도 불교의 예법대로 삼우제니, 사십구일 재니 하면서
여지껏 듣도 보도 못했던 예식들을 치러야 함을 듣고
이래서는 안 되겠다 생각되어 남편을 설득하기로 작정했습니다.
이럴 때일수록 예수를 믿는 맏아들이
자기의 신앙과 자리를 지켜야 하며,
어머니를 설득시켜 올바른 판단을 하도록 도와야 한다고
침을 튀기며 열변을 토했습니다.
아버님도 분명 교회의 예식으로 하는 것을 바라실 거라고
온갖 상상력을 다 동원하여 간곡히 말했습니다.

아버님이 안 계시는 이 상황에서 당신이 맏아들 노릇을 해야 한다,
아무것도 모르고 사리 판단이 흐리신 어머님이
이런 큰일을 당신 마음대로 하시도록 내버려두지 말고
맏아들의 결정을 따르도록 나서야 한다고 설득했습니다.
그래야 집안이 안정되고, 체계가 잡힌다고 강조했습니다.
그러나 남편은 아내의 말을 전혀 들으려고 하지 않았습니다.
모든 가족들도 어머니의 마음이 상하지 않도록
무조건 어머니가 원하시는 대로 해 드리기를 원했기에
맏며느리의 말은 아무 소용이 없었습니다.

시집 와서 전심을 다해 살았던 모든 나날들,
애쓰고 힘썼던 모든 일들이 눈앞을 스쳐갔습니다.
마음은 지칠 대로 지쳐 더 이상 다투고 싸워 볼 힘도 없었습니다.
이용당했다는 느낌과 속아 살았다는 생각만 강하게 들었습니다.
사십구일 재를 앞두고 맏며느리는 모든 것을 잊으려는 듯,
음식도 폐하고, 깊은 구덩이로 빠져드는 듯 잠만 잤습니다.
자고 또 자고… 절망의 늪 속으로 깊이깊이 빠져들어 갔습니다.

살아 있는 가정

3. 가정을 해석하는 4가지 시각

모든 사람은 자신에게 닥친 사건과 상황을 읽어내고 해석하는 눈을 가지고 있습니다 이것을 '개인 시각'이라고 합니다. 가정을 이해하고 해석하는 눈 역시 각자 소유하고 있는데, 이를 '가정 시각'이라고 합니다.

가정 시각은 네 가지 측면에서 이해되어야 합니다.

첫째가 성경에 근거하여 가정을 바라보는 시각입니다. 그 시각을 가정에 대한 '성경적인 눈'이라고 합니다. 성경적인 눈은 가정을 향한 하나님의 창조 의도와 뜻을 기본 언어로 삼고 그 언어로 가정을 이해하고 풀어 가는 눈입니다. 하나님의 성품과 지혜로 창조

된 가정을 그의 거룩한 눈으로 바라보고 해석하며 풀어나가는 눈입니다.

　가시적으로 볼 수 있는 가정 뿐만 아니라, 보이지 않는 영적 세계로서의 가정을 바라볼 수 있는 눈, 그런 눈을 일컬어 가정의 기준이 되는 눈, 즉 referencial eye라고 합니다.

　이는 가정해부학에서 가장 중심이 되는 눈이며, 기초가 되는 눈입니다. 가정을 죽은 것으로 보는 시발점을 제공하는 눈입니다. 죄가 이 세상에 들어온 후, 하나님이 창조하신 가정은 더 이상 살아 있는 사람들의 공동체로서 작동하지 않습니다. 오히려 죽은 사람들의 연합체로서 사망이 몸부림치는 삶의 현장이 되었음을 증명해 주는 눈입니다. 이 눈에 대해선 제3권에서 더욱 자세하게 소개할 것입니다.

　두 번째 시각은, 가정의 작동 방법을 읽어내는 시각입니다. 그 시각을 '가정적인 눈'이라고 부릅니다. 이는 가정에 대한 전문적인 언어를 사용하여 가정을 바라보고 해석하는 눈입니다. 가정이 어떻게 작동되는지, 어떻게 관계하는지 등등. 그 미묘한 움직임을 여러 가지 전문적인 이론으로 이해하고 해석하는 눈입니다.

　가정의 조직과 관계 패턴, 대화 방법과 예식 등. 드러난 가정의 모습뿐만 아니라 드러나지는 않지만, 항상 작동하고 있는 의지적, 정서적, 감정적, 관계적인 면을 해석하고 풀어 가는 눈입니다.

'가정의 눈'은 가정에서 일어나는 모든 현상을 보고 듣고 느끼고 이해하고 해석하는 눈입니다. 가정을 보는 지정의적인 눈을 의미합니다. 가정의 작동 방법을 읽어내는 눈입니다. 이런 눈을 일컬어 가정의 내용이 되는 눈, 즉 contentword eye라고 부릅니다.

세 번째 시각은, 그 가정이 처해 있는 환경과 시대를 읽어내는 시각입니다. 그런 시각을 가정에 대한 '시대적인 눈'이라고 합니다. 가정은 별개로 존재하지 않습니다. 가정은 항상 특별한 시대적 환경과 상황 속에 존재합니다. 가정이 처해 있는 시대적 상황을 간과한다는 것은 그 가정을 바르게 이해하지 못하는 큰 원인이 됩니다.

농경 시대의 가정 형성과 그 구조와 관계 방법과 생존 스타일은 산업 시대의 것과는 판이하게 다릅니다. 농경 시대의 가정을 해석하는 언어로 산업 시대의 가정을 결코 해석할 수 없습니다.

왜냐하면 21세기인 정보 시대의 가성은 또 다른 기준과 형태와 구조로 가정을 형성하고 있기 때문입니다. 그러므로 산업 시대의 가정을 해석했던 언어로는 정보 시대의 가정을 이해할 수 없고, 또 해석할 수도 없습니다.

만약 그렇게 한다면 모든 가정을 몹쓸 가정으로 만들고, 모든 가족을 병자로 만들 것입니다.

그러므로 시대적 상황 속에 처해 있는 가정을 그 시대의 언어로 읽을 수 있는 눈이 필요합니다. 동성끼리 가정을 이루어 자녀를 입양하고, 기러기 아빠와 사이버 커플이 존재하는 시대적 상황을 읽을 줄 아는 눈이 필요합니다. 시대의 변천을 읽고 가정을 이해하고 해석하는 눈. 이런 눈을 일컬어 가정의 환경이 되는 눈, 즉 contextual eye라고 부릅니다.

네 번째 시각은, 가정의 지속적인 움직임을 읽어내는 시각입니다. 어느 시대나 환경에 속한 가정을 읽는 것뿐만 아니라, 시대와 시대를 거쳐 가며 생존하는 가정의 지속적인 움직임을 읽는 시각입니다. 이를 가정에 대한 '역사적인 눈'이라고 합니다. 역사적인 눈은 가정의 전통과 흐름에 대한 지속적이고도 폭넓은 시각을 의미합니다. 한 시대에 국한되지 않고 계속되는 역사 속에 존재하는 가정을 바라볼 수 있는 시각입니다.

가정의 역사는 한순간이나 한 시대의 산물이 아닙니다. 오랜 세월동안 이어온 전통과 사연이 얽혀 이루어낸 관계의 이야기입니다. 가정에 대한 역사적 눈을 통해 가정의 과거와 현재를 읽고, 미래를 준비하는 눈을 길러야 합니다. 이런 눈을 일컬어 가정의 연결 고리가 되는 눈, 즉 historical eye라고 합니다.

가정을 해석하는 4가지 시각

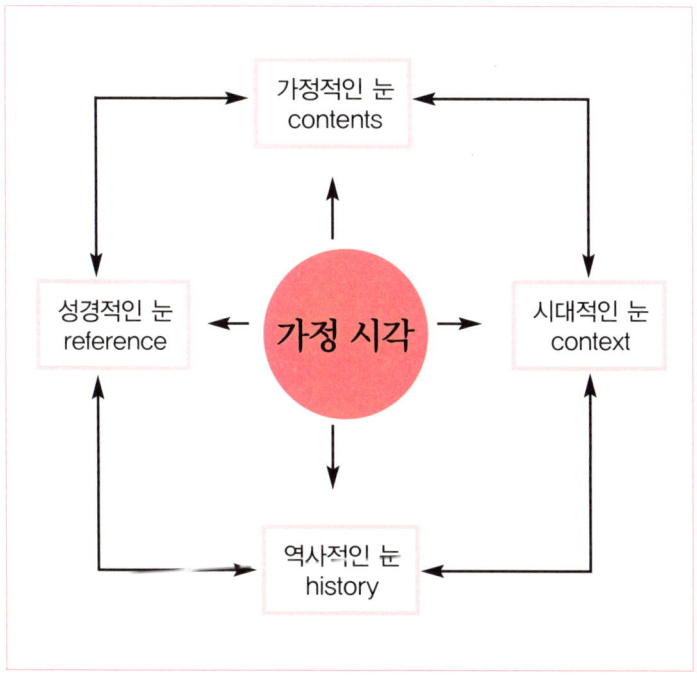

part Ⅱ

가정은 시스템입니다

1. '가정의 눈'은 시스템 언어
2. '가정의 눈'으로 본 가정 시스템

　가정해부학 1권은 가정을 이해하는 여러 가지 눈 중에서 가정의 작동 방법을 보고 이해하고 해석하여 풀어 가는 '가정의 눈(content-word eye)'을 중심으로 풀어 갈 것입니다.

　'가정의 눈'이란 곧 언어입니다. 언어가 없으면 볼 수 없습니다. 가정에 대한 구체적이고 의미 있는 언어들을 소유해야만 가정을 읽을 수 있는 능력과 실력을 갖추게 됩니다. 언어가 능력이고 언어가 실력입니다. 가정에 대한 전반적인 지식의 언어뿐만 아니라, 실질적이고 구체적인 관계를 읽어내는 전문적인 언어들을 갖추어야 합니다. 가정의 눈은 그 언어로써만 볼 수 있기 때문입니다.

　가정의 눈을 소유하기 위해 가정을 이해하는 전문적인 언어 몇 가지를 소개합니다. 이 언어만 이해해도 가정을 바라보는 시각이 훨씬 넓어질 것입니다.

1. '가정의 눈' 은 시스템 언어

"가정은 시스템입니다"
라는 말은 가정이 시스템적으로 움직인다는 말입니다. 한 사람으로 이루어진 가정이라고 해도, 그 가정은 여러 사람의 역사를 이어오는 복합적인 집합체를 시스템적으로 작동시키고 있습니다.

가정은 아무렇게나 움직이지 않습니다. 가정마다 그 가정을 작동시키는 독특한 방법이 있습니다. 가정이라는 이름 아래 모인 사람들은 가자 삶의 목적을 날성하기 위해 상호 의지적인 관계 속에서 서로가 서로에게 독특한 방법으로 결속하여 살아갑니다. 그 결속이 고유하고 유일한 관계를 만들고, 그 관계가 가정을 작동하는 독특한 방법이 됩니다. 이렇게 서로가 서로에게 독특한 방법으로 결속, 연계되어 가정을 작동시키는 것을 시스템이라고 합니다.

　가정을 시스템으로 보는 시각은 가정을 형성하고 있는 한 사람 한 사람의 연합이 그 전체보다 크지 못하다는 의미를 내포하고 있습니다. 어떤 합이라도, 합이 전체보다 크지 못하다는 것입니다.
　만약, 동그란 피자를 삼등분하였다고 생각해 보십시오. 첫 부분을 두 번째 부분과 합하고, 합한 둘을 세 번째 부분과 더했습니다. 다시 동그란 피자가 되겠지만, 원래의 동그란 피자가 가지는 역동을 따라갈 수 없습니다. 세 개의 다른 조각의 '합'이 나누지 않은 '전체'의 역동을 좇아 갈 수 없다는 뜻입니다. 그래서 '합이 전체보다 작다'는 정의를 내리는 것입니다. 이것이 가정을 시스템의 역동으로 해석하는 핵심 개념이기도 합니다.

　가족과의 관계로 가져오면 이를 더욱 잘 이해할 수 있습니다. 가족 구성원 한 사람 한 사람을 떨어뜨려 놓으면 문제가 없는 것 같습니다. 그들을 짝지어 연결시켜도 큰 문제는 없는 것 같습니다. 그런데 가족이라는 한 공동체로 연결해 놓으면 상상치도 못하는 엉뚱한 역동이 전개됩니다. 관계의 역동과 힘은 부분의 합이 전체를 좇아가지 못합니다.
　아버지와 어머니와 자녀를 개체적으로 합하여 셋을 하나로 만들어도, 가족 전체를 이루는 '하나'의 역동을 좇아가지 못합니다. 사람과 사람이 만나서 살아가는 연합의 역동은 '합' 이상입니다. 하나 더하기 하나는 둘이 아닌 것이 사람의 관계입니다. 말로 설명할 수 없고, 계산할 수 없는 합보다 더 큰 전체가 존재합니다. 그 사실을 가슴에 품고 가정의 전체적인 시스템을 보는 것이 가정해부학의 기본 개념입니다.

앞에서 언급한 엄씨 가정을 기억하십니까? 엄씨의 가정이 어떻게 작동하는지 읽어내셨습니까? 그때그때 상황에 따라 움직이는 것 같지만, 엄씨 가정은 독특한 방법으로 가동되고 있습니다. 무섭고 엄한 시아버지의 무서움으로, 똑똑한 며느리의 똑똑함으로, 연약한 시어머니의 연약함으로, 무뚝뚝한 세 아들의 무뚝뚝함으로…. 정확하게는 알 수 없지만, 엄씨 가정을 움직이는 독특한 작동 방법이 있습니다.

그것을 엄씨네의 가정 시스템이라고 볼 때, 시스템으로 작동하는 엄씨 가정을 전체적으로 보고 이해하고 해석하고 풀어 가는 눈이 바로 가정의 눈입니다.

2. '가정의 눈'으로 본 가정 시스템

가정 시스템을 이해하려면 몇 가지 시스템의 특성을 이해해야 합니다. 그 특성들을 이해하면 가정의 작동 방법을 쉽게 읽을 수 있습니다. 다음은 가정 시스템이 가지는 몇 가지 특성입니다.

가정 시스템은…
1) 조직으로 움직입니다(System's organization)
2) 많은 영역이 있습니다(System's levels)
3) 구성원의 개성 때문에 독특한 특성을 가집니다(System's attributes)
4) 경계선이 있습니다(System's boundaries)

5) 상호 관계 작동 방법이 있습니다(System's interaction)
6) 서로에게 연계된 행동을 통해 안정성을 유지합니다(System's recursion)
7) 피드백 장치로 수정됩니다(System's feedback)
8) 변하지 않으려고 합니다(System's homeostasis)

위의 여덟 가지 시스템적 개념은 가정을 읽고 이해하는 데 중요한 언어입니다. 가족 한 개인의 역동보다 가족 전체의 역동을 읽어내는 눈을 가져야만 가정을 이해하고 해석할 수 있는 건강한 눈을 소유하게 됩니다. 가족의 한 개인만을 보지 마십시오. 가족 전체를 보십시오. 가정의 움직임을 읽으십시오. 한 개인이 왜 그렇게 말하고 행동하는지, 다른 사람의 움직임을 함께 읽으십시오. 결코 개인은 가족과 상관없이 독자적으로 움직일 수 없습니다. 그 사람이 그렇게 사는 것은 개인의 생활 패턴이 아니라 가정 전체의 다이나믹이요, 그 가정의 생활 패턴입니다.

가정시스템은 조직으로 움직입니다(System's organization)

한 사람의 생활이 균형 잡히고 규모 있기 위해서는 조직하는 일이 필요합니다. 또 일관성을 가지고 생활 습관을 만들어 가야 합니다. 해야 할 일과 하지 말아야 할 일을 분별해야 합니다. 상황에 따라 상대방과 타협하며, 자신의 힘까지도 조절할 줄 알아야 합니다.

　이같이 사람이 살아가는 생활 방식에는 무엇인가를 기준으로 조절됩니다. 그것이 조금 더 일상적으로 생활화되면, 조직화되어 자동적으로 움직입니다.

　개인 생활뿐만 아니라, 두세 사람이 함께 모여 사는 가정 또한 자연적으로 조직성을 띠게 되어 있습니다. 법을 세우고, 한계를 정하고, 할 일과 하지 말아야 할 일들을 구분하고, 짜임새 있는 생활을 위해 계획을 세웁니다. 가정은 생활을 잘 영위하기 위해 조직성을 띠고, 또 작지만 가장 기본적인 조직을 이루어 움직입니다.

마스터 이야기(Master's story)

　조직이 형성되기 위해서는 그 조직을 대표하는 인물, 즉 마스터(Master)가 있어야 합니다. 여기서 마스터는 독특한 이야기를 가진 사람입니다. 그를 따르는 사람들의 이야기보다 더욱 감동적이며 더욱 강한 이야기를 가진 사람이어야 합니다. 그를 따르는 대부분의 사람들은 그 마스터의 이야기에 감화된 사람들입니다(물론 이론상 할 수 없이 감화되어야 하는 상황도 있습니다). 그 이야기로 인해 그(녀)를 마스터로 인정하는 사람들이 생김으로 조직이 형성됩니다.

　가정은 시스템으로 움직입니다. 시스템은 조직성을 띱니다. 가정도 조직으로 움직이는 시스템이니 만큼 가정을 대표하는 마스터가 있습니다. 대부분의 경우 아버지나 어머니가 가정의 마스터입니다. 통상적으로 아버지를 마스터로 모시는 가정이 대부분이나, 실제로는 두 분 중, 더 강하고 더 감동적인 이야기를 가진 분이 마스터가 됩니다. 문제는 만약 쌍방의 이야기가 서로 버금가게 강하고 감동적일 경우입니다. 그때는 마스터의 자리싸움이 일어나 문제가 발생합니다.

　마스터가 된다는 것은 가정을 움직이는 권위와 힘과 능력을 갖는다는 의미입니다. 어느 한 편이라도 마스터와 그의 이야기를 인정하지 않는다면 조직상 체계 형성에 문제가 대두됩니다. 만약 아버지에 못지않게 어머니의 이야기도 강하고 감동적이라면, 그래서 마스터로시의 아버지의 권위를 인정하지 않는다면, 어머니는 아버지에게 가장 큰 걸림돌이 되고, 둘 사이에는 끊이지 않는 투쟁이 일어나게 됩니다. 누가 마스터가 될 것인가 하는 문제는 가정의 갈등과 분쟁을 일으키고 치열한 싸움으로 전개됩니다.

사회적으로는 아버지가 마스터가 되는 것이 통상적인 예입니다. 그래서 대부분의 가정은 아버지에게 마스터의 자리를 내어줍니다. 그러나 이는 어머니의 표면적인 행위였을 뿐, 마음으로 인정하는 마스터가 아닌 상태에서 아버지가 마스터가 되어 권위적으로 가정을 가동시켜 나갈 수 있습니다. 그러면 이때 어머니가 마스터인 아버지에게 가장 큰 어려움을 주는 자가 됩니다. 사사건건 어머니는 아버지를 가정의 가장으로 인정하지 않고, 존경하지도 않고, 섬기지도 않습니다. 아이들 앞에서 아버지의 권위를 손상시키는 언행을 서슴지 않습니다. 실제로 자녀들도 아버지를 마스터로 인정하지 않고 그를 따르지 않습니다. 오히려 어머니를 더 따르고 그녀에게 순종합니다. 그렇게 되면 조직에 큰 문제가 생깁니다. 자연스럽게 갈등은 표면화되고 다툼이 일어나며, 이기심이 극대화하여 분열이 생깁니다. 가정 시스템은 원만하게 작동하지 않습니다.

엄씨 가정의 마스터는 누구일까요? 강하고 감동적인 이야기를 가진 마스터가 누구입니까? 엄하고 무서운 시아버지인가요? 아닙니다. 그의 이야기는 강하기는 하지만 감동적이지 못할 수 있습니다. 그러면 똑똑한 며느리입니까? 그녀는 가정의 화평을 위한 중재자는 될 수 있으나, 마스터는 못 됩니다. 무뚝뚝한 세 아들일까요? 당연히 아닙니다. 그럼 누구일까요? 네, 그렇습니다. 약한 어머니

살아 있는 가정

지요. 그 엄하고 무서운 아버지의 비위를 맞춰가며 자녀들을 키워 낸 '불쌍한 우리 엄마'가 자식들이 마스터로 따르기에 충분조건을 가지고 계신 분입니다. 그의 이야기는 강하기도 하지만, 자식들을 감동시키기에도 충분합니다. 무식한 어머니일지라도 똑똑한 며느리까지 자기 편으로 만들어 아버지를 설득하며 살아갑니다. 그뿐입니까? 무슨 수를 써서라도 어머니가 원하는 방향으로 아버지를 몰아갑니다. 단연 연약한 어머니가 엄씨 가정의 마스터로 조금도 부족함이 없습니다.

마스터는 자기의 이야기로 말미암아 인생을 살아가는 철학을 가지고 있습니다. 철학 속에 담긴 가치관으로 자기가 살아가는 법과 규율을 정합니다. 그를 따르는 사람들도 자연적으로 그 법과 규율을 준수해야 합니다. 만약 그 마스터의 법과 규율을 준수하지 않는 사람이 있다면, 그는 그 시스템이 원활히 작동되는 것을 방해하는 사람이 됩니다. 그러면 조직에 손해를 주기에 그런 사람은 왕따를 시킵니다. 왕따 된 사람은 조직으로부터 피해를 입고, 괴로움을 당하지요. 날 그대로 조직의 쓴맛을 봅니다. 상처를 입어 아파하고 때론 병들어 힘들게 살아갑니다. 한마디로 불행해집니다.

얼핏 보면 엄씨 가정은 아버지가 마스터인 것 같습니다. 엄하고 무서운 아버지 때문에 온 가족이 벌벌 떨며 지낸 것처럼 보입니다. 엄씨의 법이 가정을 작동시킨 것처럼 보이지만, 실상 그렇지 않습니다. 엄씨의 가정을 자세히 들여다보면 연약한 어머니의 생존의 법이 그 가정을 실질적으로 움직인다는 사실을 곧 알 수 있습니다. 자기가 연약하기에 강한 자들과 직접 관계하지 않는 법. 강한 자가 말하면 순종하는 듯 찍 소리 안하고 죽은 듯이 엎드려 있는 법. 그러나 절대 쉽게 포기하지도 않고 순종하지도 않는 법 등 어머니의 생존의 법이 더욱 강한 법임을 알 수 있습니다.

    그녀는 대답도 느리게 하고, 행동도 느리게 하며, 소리 지르면 움츠러 들고, 하기 싫으면 못 알아듣는 척합니다. 또 피해를 입어 아픈 자처럼 행동합니다. 그러므로 다른 약자들의 마음과 관심을 삽니다. 그녀는 그런 방법으로 강한 자에게 대항해 왔고, 그렇게 가정을 이끌어 왔습니다. 약한 자를 자기 편으로 만들고 그에게 힘을 주어 강한 자와 맞서게 합니다. 어떻게 맞설 것인지 그 방법도 넌즈시 알려 줍니다.
    어머니 곁에 맏며느리가 홀로 있었을 땐 맏며느리가 가장 강한 어머니의 도구였고, 다른 두 며느리가 들어오니 그들 또한 어머니가 사용하는 도구였습니다. 가까이 있지 않아 맏며느리처럼 자주 사용하지 못한다는 것뿐이지, 사용거리이기는 그녀들도 마찬가지입니다.

　남편이라는 강자가 죽자, 그를 대항하는 도구로 사용하던 맏며느리는 더 이상 필요하지 않았습니다. 연약한 어머니는 아들들의 손을 의지하여 여전히 마스터의 자태를 나타내 보이셨습니다. 한 번도 그 마스터의 자리에서 내려와 본적이 없기에, 상황이 바뀌어도 조금도 흔들리지 않습니다. 며느리만 마스터가 누구였는지 몰라 스스로 혼란스러웠을 뿐, 가족 중 어느 누구도 누가 마스터인지를 몰라 힘들어하지 않았습니다. 모든 자녀들이 너무나 자연스럽고 당연하게, 아버지가 안 계신 상황에서 어머니의 말씀에 순종하며 작동하는 모습을 봅니다.

　가정은 그 작동하는 방법이 시스템적이고, 모든 시스템은 조직적으로 움직입니다. 가정을 형성하는 가족 개개인은 독자적으로 움직일 수 없습니다. 어떤 방법이든지 서로 독특하게 연결되어 작동합니다. 그 작동 방법에는 마스터 이야기에 연계된 독특한 법과 규율이 은밀하게 사용되고 있음을 잊지 마십시오.

마스터의 법과 규율(Master's Law & Rule)
　가족의 한 사람 한 사람이 마스터의 법과 규율을 미리 알고 움직이지는 않습니다. 마스터의 법과 규율을 의도적으로 원하고 선택하지도 않습니다. 그러나 어느 날 돌아보니, 그 법과 규율대로 움직이며 살고 있음을 발견합니다. 그렇지 않으면 불편해지고, 때론 불행해지기도 한다는 사실도 알게 됩니다. 그러나 그 사실을 알게 되었을 땐, 이미 시스템 속에 젖어 있는 상태라 어떤 변화를 시도하기엔 때가 너무 늦었음을 스스로 압니다. 설사 가정 시스템의 작동 방법이 좋지 못해도 또 그 작동 방법이 역기능적이고 병들었다 할지라도, 그 시스템을 변화시키기란 불가능하리 만큼 어렵습니다.

황씨는 밥 먹을 때마다 반드시 국이 있어야 합니다.
맨밥을 입에 넣기 전에
따뜻한 국 한 술을 입 안에 떠 넣어야만
목이 축여지고 밥이 잘 넘어가기 때문입니다.
그렇지 않으면 목이 껄끄러워 밥이 넘어가질 않습니다.
아내는 국이 없으면 물을 먹으면 되지 않느냐고 우깁니다.
그러나 황씨 입장에서는 그건 아내가 몰라도 너무 모르고
하는 말입니다.
어디 물하고 국이 같을 수 있습니까?
목이 말라 먹는 물이 아니지 않습니까?

살아 있는 가정

따뜻한 국이라야 껄끄러운 목을 축일 수 있습니다.
아무리 설명을 하고, 설득을 해도
국을 먼저 떠먹어야 목이 풀린다는 말을 아내는 알아듣지 못합니다.

아내 정씨는 매사 까다로운 남편 황씨가 싫습니다.
편안하게 넘어가는 일이 없고,
너그럽게 지나쳐주는 일도 없습니다.
항상 따지고, 이리 뒤집어보고 저리 엎어보고…
한 가지 한 가지 걸고 넘어가지 않는 것이 없습니다.
자기가 나가서 돈 벌어온다고 얼마나 으스대는지 모릅니다.
얼마 전까지만 해도 남편의 요구를 일일이 다 들어주고,
필요하면 고치는 척까지 했는데,
이젠 그렇게 하기가 싫어졌습니다.
저나 나나 함께 늙어 가는 마당에
왜 나만 이렇게 힘들어야 하나 하는 생각이 듭니다.
특별히 돈을 더 많이 벌어오는 것도 아니고,
특별히 더 많이 호강시켜 준 것도 아닌데…
오히려 쥐꼬리만한 월급 가져와서 행세한 것을 생각하면
속이 뒤집힙니다.
밥 먹을 때마다 국 없다고 난리 치는 남편을

살아 있는 가정

이젠 국 없이도 밥 먹는 버릇을 들여야 한다고 결심합니다
그놈의 국, 이젠 끼니 때마다 끓이지 말아야겠다고 작정했습니다.
두고봐라! 국물도 없다!

　마스터의 법과 규율은 마스터가 바뀌지 않고는 변하기 어렵습니다. 아내 정씨가 국을 끓이기 싫어도 끓일 수밖에 없는 것은 남편이 마스터의 자리에 있으면 불가피한 일이기 때문입니다. 마스터인 남편은 국을 좋아하는 것을 알면서도 물을 들이대는 아내의 심보를 고치기 위해서라도 국을 대신하여 물을 먹지는 않을 것입니다. 결국 특별한 변동이 없는 한, 아내는 더욱 괴로워지고, 부부 사이는 더욱 악화되어 갈 뿐입니다. 마스터는 변하지 않을 것입니다.

가정시스템은 많은 영역이 있습니다(System's levels)

　신체적인 영역, 지정의적인 영역, 사회적인 영역 그리고 영적인 영역에 이르기까지 가정 시스템은 다양하고 광범위합니다. 이 밖에도 교육적 영역, 정치적 영역, 경제적 영역, 종교적 영역 등 많은 영역들이 서로 어우러져 하나의 큰 시스템을 이룹니다. 이것은 다른 말로 multilevel system이라고도 합니다.

가정은 한두 사람으로도 형성될 수 있는 아주 작은 단위의 시스템입니다. 그러나 동시에 전 우주 시스템에 속해 있습니다. 그래서 가정 시스템은 광범위한 우주적 시스템이기도 합니다. 서로가 긴밀한 방법으로 연결되어 있어 매순간 서로 관계하고 있다는 사실을 간과해서는 안 됩니다.

비가 많이 와 홍수가 나면 가정에 직접적인 영향을 끼칩니다. 더워도 그렇고 추워도 그렇습니다. 그런가 하면 가정에서 세제를 너무 많이 사용해도 우주 시스템에 영향을 주어, 나중에는 마실 물이 없어 전 인류가 고생하게 될 수도 있습니다. 한 나라에서 전쟁을 하면 모든 나라가 영향을 입고, 한 가정에서 부모가 싸우고 이혼을 하면 그 여파로 사회적인 문제를 낳습니다. 시스템의 어떤 영역도 홀로 독주할 수 없고, 홀로 존재할 수도 없습니다. 가정은 시스템적으로 서로 깊이 연결되어 작동하고 있기 때문입니다.

시스템의 모든 영역들은 서로에게 영향을 주고받습니다. 인간 사회를 포함하고 있는 이 우주는 관계의 그물로 얽혀 있습니다. 한 개체와 부분의 영향이 우주 전체에 미치고, 전체로서의 우주의 힘이 각 개체와 부분에 작용합니다. 이 우주 시스템 속에는 홀로 살아가는 존재란 결코 없습니다.

가정에서 남편과 아내는 서로에게 열린 존재입니다. 아내의 짜증이 남편에게 영향을 줍니다. 그러면 남편의 불편한 마음이 자녀들에게 즉각적으로 영향을 주어, 자녀들의 심기가 불편해지고 가정의 분위기는 침체됩니다. 짜증으로 원인을 제공했던 아내 또한 그 영향을 받게 되어 불편해지기는 마찬가지입니다. 이렇듯 우리 모두는 열린 존재요, 열린 시스템 속에서 살아가고 있습니다.

편안하게 서로의 영향력을 주고받을 수 있는 시스템을 열린 시스템이라고 합니다. 이는 부정적인 영향도 받지만, 긍정적인 영향도 쉽게 받아들여 수정을 할 수 있는 시스템을 의미합니다. 가정 시스템이 열려 있으면 가족들의 적응력이 좋고, 융통성이 높으며, 생존력이 강합니다.

열린 시스템은 새로운 것을 받아들이고 변화를 시도하는 데 능동적입니다. 그래서 그 시스템 안에는 항상 약간의 혼란이 작동하고 있습니다. 무언가 안정되지 않은 것 같으며, 정리되지 않은 듯합니다. 무엇인가 항상 진행중이고, 계속 수정하고 있으며, 지속적으로 변하고 있습니다. 그래도 가족들은 그것으로 말미암아 불편해하지 않습니다. 그것이 자기의 시스템이고, 그 시스템과 어우러져 살고 있기 때문입니다. 그 시스템이 더 자연스럽기 때문입니다.

반면에 가정 시스템이 닫혀 있다면, 다른 영역과의 주고받음이 편치 않습니다. 가정을 형성하는 개인들이 상처가 많거나 아픔이 많으면 자기 방어력이 강해져 스스로 문을 닫습니다. 가정 시스템의 문도 닫아 버립니다. 필요한 영향력의 들어오고 나감을 철저히 조절합니다. 모든 것의 출입을 견제합니다.

그러면 새로운 환경이나 사건에 적응하기를 꺼려 융통성보다는 일관성을 고수하며, 생존력을 강화시키기보다는 안정성을 추구하게 됩니다. 가능한 한 변화는 일어나지 않기를 바랍니다. 가지고 있는 것, 할 줄 아는 것, 해야 하는 것들을 잘 보전하고, 끝까지 고수하여, 다음 세대로 전수하기만을 소망합니다.

가정 시스템이 닫혀 있으면 새로운 환경을 맞아 적응하는 것은 힘들고 어려운 일입니다. 아프고 병들지 않으려면 그리고 새로운 것을 시도하다가 실패하지 않으려면, 외부에서 들어오는 영향력을 철저히 막고, 내부에서 나가는 영향력 또한 철저히 조절해야 합니다. 가족간에도 스스로를 철저하게 방어해야 합니다. 서로에게 조정당하거나 조절당하지 않으려고 애씁니다. 이기심이 극대화 되어 사람들은 외롭고, 병들고, 아파합니다.

닫힌 시스템은 매우 안정적입니다. 그러나 때에 따라 필요한 조절이나 변경이 불가능하므로 가족들이 병들었을 때 이를 회복할 수 있는 방법이 매우 한정적입니다. 발전과 성장을 위해 필요한 변화가 불가능하므로 시스템이 역기능적으로 작동됩니다. 시스템 자체는 관례적으로 움직이기에 편안하고 안정적이지만, 습성과 습관으로 움직이기에 원치 않은 많은 병을 초래합니다.

가정 시스템은 열림과 닫힘을 잘 조절해야 합니다. 여러 영역이 함께 어우러져 움직이기에 홀로 닫고 있으면 병듭니다. 또 너무 열려 있어도 조절이 되지 않아 혼란스럽습니다. 성장을 위해 때와 필요와 욕구에 따라 열림과 닫힘을 적절하게 조절할 수 있다면, 그 시스템은 건강하게 작동할 것입니다. 물론 그 조절은 결코 쉽지만은 않습니다.

가정 시스템은 구성원의 개성 때문에 독특한 특성을 가집니다 (System's attributes)

가정을 형성하는 가장 중요한 조건은 가족입니다. 가족 구성원 한 사람 한 사람의 개성이 그 가족의 특성을 형성합니다. 신체적 조건, 교육의 정도, 종교적 배경, 사회적 지위, 경제적 형편, 성격적 특성, 상처의 깊이, 재능과 특권 등. 그 가정이 가지고 있는 모든 조건이 그 시스템의 고유한 특성입니다.

가정 시스템은 하나같이 다 독특합니다. 같은 것이 없습니다. 사람이 유일하듯, 가정 시스템 또한 각 가정마다 유일합니다. 서로 다른 연합체이기에 비교하면 문제가 됩니다. 이 가정에서 유용한 것이 다른 가정에서는 유용하지 않을 수 있습니다. 이 가정에서 파괴적인 것이 다른 가정에선 건설적인 조건이 될 수 있습니다. 그러므로 각 가정 시스템의 독특하고 유일한 연합의 방법을 이해하여, 그 시스템이 건강하도록 돕는 것이 중요합니다.

이씨 집안 아이들은 과외를 하지 않아도
항상 반에서 일등을 하는 모범생입니다.
부모님께 순종하고, 항상 얼굴에 미소가 있으며,
학교에서도 선생님들께 칭찬을 듣고,
친구들 사이에서도 요즘 말로 인기가 짱입니다.
때로 질 줄도 알고, 항상 나눠줄 줄 알며,
말도 잘하고, 유머감각도 뛰어납니다.

이씨 부부는 자녀교육에 대해 묻는 사람들에게
이렇게 답하곤 합니다.
"그냥, 자기들이 하고 싶은 대로 놔두면
저절로 잘해요. 우리 부부는 별로 한 게 없어요.

살아 있는 가정

공부하라고 잔소리 한 적도 없는데
그냥 자기들이 알아서 하는 거죠.
어떻게 부모가 일일이 참견하겠어요.
자기들이 할 것은 자기들이 해야죠.
아이들이 말썽부리고 공부 안 하는 것은
모두 부모가 너무 보채서 스스로 만들어 낸 결과 아닐까요?
그냥 놔두면 다 잘할 텐데, 왜 그렇게 힘들게 하는지 모르겠어요.
다 부모 욕심 때문이지요. 다 부모 잘못이에요."

    이씨 부부는 정말 좋은 자녀들을 만났습니다. 그 자녀들은 부모가 보채지 않아도, 스스로 공부하고 순종하여 칭찬 듣는 모범생이지만, 안타깝게도 그렇지 않은 자녀들이 더 많습니다. 숙제도 꼭 부모가 챙겨야 겨우 하는 아이들도 있습니다. 태어나면서부터 짜증이 심해 얼굴을 찡그리고 사는 아이들도 있습니다.

    어디에도 이씨 집과 똑같은 집은 없습니다. 이씨 집의 기준은 이씨 집에서만 유용합니다. 김씨 가정은 또 다른 기준으로 살아야 합니다. 그 가정이 가지고 있는 조건이 다르기 때문입니다. 그 가정이 가지고 있는 조건이 그 가정의 시스템적 특성입니다.

팽씨 아내는 설거지나 빨래, 방 청소 등등

기본적인 가사 일을 싫어하는 사람입니다.
자녀들의 책가방을 챙겨준다든지,
점심 도시락을 정성껏 싸 준다든지,
교복을 깨끗하게 빨아 다림질을 해 놓는다든지,
운동화를 빨아 하얗게 말려놓는다든지,
양말을 깨끗하게 빨아놓는다든지 등은
그녀에게는 상상도 할 수 없는 일입니다.

남편이 출근을 할 때 일어나 밥을 차려준다든지,
와이셔츠를 깨끗하게 다려놓는다든지,
신발을 반짝반짝하게 닦아놓는다든지,
양복을 정리해 놓는다든지 하는 것은
팽씨 아내로서는 꿈에서도 생각할 수 없는 일입니다.

팽씨 아내는 친구들과 만나 정치나 경제 등
세상 돌아가는 일을 얘기하는 것을 너무 좋아합니다.
어떤 정치인의 비리나, 교육 시스템의 잘못된 점들,
경찰들의 부정, 교사들의 무능력 등.
다루지 않는 내용이 없고, 모르는 내용이 없습니다.
혹 밥을 먹지 말고 그런 이야기를 논하라 해도,

살아 있는 가정

그녀는 밥 먹는 것보다 그 일을 더 좋아하기에,
당연히 이야기하는 것을 선택할 것입니다.

팽씨 아내는 여자로 태어난 것을 매일 한탄하며 살아갑니다.
자신이 좋아하는 일과 싫어하는 일로 봐선
분명 남자로 태어났어야 하는데
여자로 태어나 하기 싫은 가사 일을 해야 한다고
원망과 불평을 늘어놓습니다.
가사 일을 제대로 하지도 않으면서 부담은 된다는 말입니다.
팽씨 아내는 자신이 집에 있어야 한다는 자체가 너무 괴롭고,
그 일로 말미암아 인생을 망쳤다고 생각하는 사람입니다.
밥은 제대로 안 챙겨 먹고, 술 마시고, 담배 피며,
인생의 허무함과 괴로움을 달랩니다.
비가 내리는 날이면 마당에 서서
흐르는 비를 맞으며 눈물을 흘리고,
해가 쨍쨍한 날이면 큰 장독에 물을 받아
그 속에 들어가 인생을 즐깁니다.
사람들의 이목도 두렵지 않고,
인생을 모르는 문외한들과 대화도 하지 않겠다는 사람입니다.

살아 있는 가정

팽씨는 그런 아내가 너무 이해가 되지 않습니다.
처음엔 참 매력적이라고 느꼈는데, 살다보니 그게 아닙니다.
별로 배운 것도 없고, 아는 것도 없으며,
가진 것도 없어 자랑할 것이라곤 전혀 없지만,
열심과 성실을 다해 살아가는
남편이요, 아버지라는 것만은 자부할 수 있습니다.
인생의 의미를 찾자면 모든 것에서 찾을 수 있고,
특별히 가족을 통해 그것을 찾아야 한다고 믿고 있습니다.
그런데 아내는 가까이 있는 소중한 것들은 '나 몰라' 라 하고,
멀리 있어 가질 수 없는 것들을 동경하며 평생을 괴로워하며
살아가고 있으니….
팽씨는 그런 아내를 바라보노라면 안타깝기만 합니다.

오늘도 팽씨는 아이들이 학교에 가는 것을 도와주면서,
쿨쿨 잠들어 있는 아내를 바라봅니다.
그리고 그의 머리 속에 이런 생각이 스쳐갑니다.
'이렇게 예쁜 자식들과 이렇게 열심히 사는 남편을
한 번만 쳐다볼 수 있는 여유가 있으면 인생이 달라질 텐데….'

　가정의 처한 조건이 관계를 결정합니다. 내 가정은 이렇게 작

동시키니 잘 돌아가더라고, 네 가정도 이렇게 작동시켜 보라고 말할 수 없습니다.

각 가정마다 그 가정을 작동시키는 독특한 방법이 있습니다. 그 가정의 사람들이 가진 조건에 의해 그 작동 방법 또한 결정됩니다.

가정 시스템은 경계선이 있습니다(System's boundaries)

경계선이란 시스템이 존재하는 모든 영역의 경계뿐만 아니라, 세대와 세대 간 그리고 개인과 개인 간의 경계선을 말합니다. 모든 영역이 다 어우러져 함께 존재하지만, 서로 간 자기의 영역이 분명하고, 그 경계가 명확히 있음을 의미합니다. 나라와 나라 간의 경계가, 이웃과 내 가정의 경계가 명확하듯이, 부모와 자녀가 공존하지만 그 영역과 경계가 분명하고, 형제 간 화목하게 잘 어우러져 지내야 하지만 서로의 경계가 명확해야 함을 의미합니다.

서로간에 건강하고 행복하게 살기 위해 꼭 지켜야 할 경계선이 있습니다. 아무리 아버지가 무능력하다 할지라도 아버지라는 사람의 정체성에 관련된 개인 경계선이 존중되어야 합니다. 어머니가 아무리 능력 있다 할지라도 자식들 앞에서나 사람들 앞에서 그 아버지의 자존심을 상하게 하는 언어나 행위는 삼가야 합니다. 그것이 경계선입니다.

폭력은 개인 경계선을 넘어가는 행위입니다. 그래서 폭력이 행사되는 가정마다 개인 경계선이 무너지고 역기능이 작동됩니다. 부모와 자녀 사이의 폭력은 세대간에 꼭 있어야 할 경계선을 무너뜨립니다. 그러면 건강을 상실하고 가정은 역기능적으로 작동합니다. 남편이 아내를 때리고 욕하는 행위나, 그로 인해 아들이 그 아버지에게 반항하는 언행 등은 모두 건강한 경계선을 무너뜨리는 행위입니다.

성은 거룩합니다. 성행위 또한 거룩합니다. 성행위는 인간의 가장 친밀한 표현입니다. 그래서 성행위는 부부 사이에만 용납됩니다. 아버지와 딸은 성행위를 하지 않습니다. 그렇게 했다면 아버지가 딸을 범했다고 말합니다. 할아버지는 손녀와 성행위를 하지 않습니다. 그러면 할아버지가 손녀를 범했다고 말합니다. 아들이 어미를 범한다든지, 오빠가 여동생을 범한다든지 하는 행위들은 꼭 지켜져야 하는 경계선을 무너뜨리는 행위가 되어, 가정 시스템에 문제를 일으키고, 시스템이 역기능적으로 작동하도록 만듭니다.

엄씨 가정의 경계선은 미묘하게 무너져 있습니다. 엄씨와 그 아내 사이에 자연적으로 있어야 하는 친밀감이 느껴지지 않습니다.

부부관계가 마치 무서운 주인아저씨와 핍박받는 종업원의 관계처럼 느껴집니다. 이는 부부의 경계선이 무너져 있음을 의미합니다. 엄씨의 가정은 며느리가 엄씨의 아내 역할을 감당하는 듯하고, 맏아들이 연약한 어미의 남편 역할을 감당하는 듯합니다. 이는 가족 간에 있어야 하는 분명한 경계선이 무너져 있음을 나타냅니다. 가족 간의 어떤 경계선이라도 쉽게 넘나들면 안 됩니다. 그러면 역할과 기능에 혼동이 오고, 가정 시스템은 병을 앓습니다.

서씨는 함께 살고 있는 친구의 요구를
들어주어야 할 때마다 마음이 상합니다.
그 친구는 서씨의 상황이나 형편은 아랑곳하지 않고
무조건 자기가 원하는 대로,
또 원하는 때에 요구를 들어줄 것을 강요합니다.
떼를 쓰기도 하고, 아양을 떨기도 하고,
인상을 쓰고 화를 내기도 하고, 아픈 체하기도 합니다.
온갖 방법을 다 동원하여
자기가 원하는 것을 이루는 친구 때문에
서씨는 항상 손해를 보고 피해를 입습니다.

친구가 요구할 때마다

어쩔 수 없이 그 요구를 들어주기는 하지만,
돌아서면서 또 이용당했다는 느낌과
속았다는 느낌을 지울 수가 없습니다.
너무 힘들게 요구를 들어주었는데,
그 친구는 부탁할 때와는 달리
힘들면 왜 했냐며 오히려 신경질을 냅니다.
너무 힘들고 어려워도 친구의 부탁이라 들어줬더니,
누가 그렇게 희생하면서까지 하랬느냐며 오히려 핀잔을 줍니다.
다른 친구들과 만날 때마다
자기에 대해 좋은 말을 하는 것이 아니라
"쟤는 항상 자기보다 남이 먼저야.
자기 것을 먼저 챙기지 못하는 게 문제라고.
너무 착하기만 하지, 숙맥이야, 숙맥.
저래가지고 이 험한 세상을 어떻게 헤쳐 나가겠니?
야, 나, 쟤 때문에 걱정이야, 걱정!"이라며 떠벌립니다.
이럴 땐 정말 어처구니가 없어 말이 나오질 않습니다.

　　문제는 이런 일 때문에 서씨의 마음이 병들었다는 것입니다. 자기의 경계선을 스스로 지키지 못하면 남이 그 경계선을 넘나들며 사람을 상하게 합니다. 어쩌면 서씨 친구는 그 사실을 모를 수도 있습니다.

자신의 경계선을 마음대로 넘나들도록 허락한 것이 서씨 자신이었으니까요. 어디까지가 한계인지를 알려주지 않았으니, 친구로서는 알 방법이 없습니다.

경계선은 개인의 건강을 위해 매우 중요합니다. 경계선이 무너진 사람은 그 피해로 말미암아 스스로 문을 닫고, 시스템의 문도 닫아 버립니다. 자기를 보호하기 위해 사람들이 접근하지 못하도록 합니다. 자기를 상처와 아픔으로부터 지키기 위해 마음의 문을 닫아 버리면, 이미 병들어 있는 자신을 고칠 수 있는 기회 또한 막아버리는 것이기에 안타까운 일입니다. 닫힌 시스템은 치유와 회복의 가능성을 희박하게 합니다. 정말 기막힌 악순환의 연속입니다.

가정 시스템은 상호 관계 작동 방법이 있습니다
(System's interaction)

가정마다 관계하는 방법이 다릅니다. 가정마다 관계를 작동시키는 방법도 다릅니다. 조직의 형성, 영역들간에 영향력을 주고받음, 건강한 경계선, 이 모두가 가족 간의 상호 관계가 건강하게 작동하도록 하는 특성입니다.

인간 관계는 복합적입니다. 어떤 인간 관계도 간단하게 분석하여 단순하게 결론을 내릴 수 없습니다. 겉으로 보이는 모양만 보고 속단을 하면 실수하게 됩니다. 겉으로 보이는 관계 안에는 수많은 다른 의미들이 포함될 수 있기 때문입니다. 겉으로 드러난 관계의 패턴으로 인해 서로 비슷한 관계끼리 공통점을 찾아 묶을 수는 있으나, 정말 똑같은 관계(identical relationship)는 없습니다. 각 관계는 독특하고 유일하기 때문입니다.

김씨는 남편 정씨가 자기에게 애정 표현을
하지 않는 것이 항상 불만입니다.
자기를 향한 사랑이 식었다고 생각될 때마다
정씨를 만나 고생하면서 사는 자신이 너무 싫고,
그럴 때마다 남편이 더욱 미워집니다.
그러면 괜히 트집을 잡아 화를 내고 짜증을 냅니다.

그러나 정작 정씨는
항상 짜증내고 화를 내는 아내가 무섭습니다.
잘못 건드리면 더욱 화를 내기에,
아예 다가가지 않습니다.
자기를 사랑한다고 말하라고 해서 사랑한다고 말하면,

무슨 말투가 그 모양이냐고 트집을 잡고,
결국 자기를 사랑하지 않는다는 결론을 내리고
혼자 울며 괴로워합니다.
그러니 아예 말을 하지 않는 편이
문제를 크게 만들지 않는다고 생각합니다.
아내의 정서가 너무 불안해, 언제 터질지 모르니,
아내를 돕는 일은 정씨가 아내에게 다가서지 않는 것입니다.
다가가면 문제가 생기니까.

  정씨와 김씨의 진짜 문제는 애정 표현 결핍에 있는 것이 아닐 수 있습니다. 김씨가 남편 정씨를 만나 결혼했다는 사실 자체가 후회되어 그럴 수 있고, 정씨는 그 이유를 알기에 더욱 자존심이 상해 애정 표현을 하지 않는 것일 수도 있습니다. 아니면 김씨가 남편 정씨와 성 관계를 하고 싶지 않아서 괜히 꼬투리를 잡아 화를 내는 것일 수도 있고, 정씨는 아내에게 다가갈 때마다 거부당하는 것이 싫어서 아예 아내에게 접근하지 않는 것일 수도 있습니다. 그러나 드러난 관계 패턴만 보고 그 속에 어떤 은밀한 의미가 포함되어 있는지는 잘 알 수 없습니다.

  엄씨가 엄하고 무서운 이유와 그 아내가 남편에게 직접 다가가지 않고 쭈뼛거리며 그의 눈치를 보는 이유는 여러 가지일 수 있습니다. 진짜 연약한 것은 엄씨의 아내가 아니라 엄씨일 수 있습니다. 무시당하지 않고 업신여김을 당하지 않으려고, 괜히 엄한 척, 무서운 척하며 살아왔을 수 있습니다. 가장 친밀하고 가까운 아내가 자기의 본모습을 알아채지 못하도록 거리를 두는 유일한 방법일 수 있기 때문입니다.

오히려 엄씨 아내는 강한 여자일 수 있습니다. 그녀는 남편의 연약한 모습을 알기에 자기가 더욱 연약한 척해 줬을 수도 있습니다. 다가가서 일부러 친한 척하기도 싫고, 연약한 사람 건드려 무너지는 꼴도 보기 싫기에, 그냥 그렇게 살아준 것일지도 모릅니다. 많은 경우 드러난 관계의 모습은 그 속에 부여된 은밀한 의미와는 전혀 상관이 없을 때가 많습니다.

가정 시스템은 곧 관계 시스템입니다. 드러난 행동과 은밀한 의미가 갖는 관계의 가치는 매우 큽니다. 이는 지금까지도 베일 속에 가려진 관계의 비밀입니다. 한 사람의 보이지 않는 신념은 전혀 다른 행동 패턴으로 드러날 수 있습니다. 병든 사람일수록 드러난 관계의 행동과 그 의미의 차이가 매우 큽니다.

가정 시스템이 건강하다는 것은 드러난 관계의 모양과 그 의미의 차이가 매우 작을 때, 겉으로 드러난 관계의 모양으로도 진정한 관계의 의미를 알아차릴 수 있을 때를 의미합니다.

최씨는 성격이 급합니다.

욕도 서슴지 않고 내뱉고,

화가 나면 앞에 있는 것을

닥치는 대로 던지고 뒤집어엎는 사람입니다.

경제적으로 풍부했던 집안에서 막내로 자란 최씨는

어릴 적엔 남부러울 것 없이 성장했습니다.

그러나 최씨가 자라 정말 그 부와 풍요를 필요로 할 때

집안이 기울어졌습니다.

부모님이 갑자기 사고로 돌아가시면서

형들과 누나들이 누렸던 풍요로움을 누리지 못한 채

피해 의식과 손해 의식 속에서 분노하며 살았습니다.

최씨는 누구의 말도 잘 듣지 않았습니다.

특별히 아내의 말은 전혀 귀담아 듣지 않았습니다.

그는 부모의 혜택을 입지 못해 제대로 펴보지 못한 자신의 신세를

그리고 그로 인해 인격에 많은 피해를 입었음을

항상 증명하며 살았습니다.

일을 저질러 엄청난 돈을 뜯기기도 하고,

그럴 때마다 부모의 혜택이 없어 망했다고 떠벌렸습니다.

어느 날, 그는 완전히 망하고 보잘것없는 자신을 보게 되었습니다.

살아 있는 가정

그제야 자신이 잘못 살았다는 생각을 했고,

자기 때문에 보따리를 들고

장사에 나선 아내에게 너무 미안했습니다.

부모의 혜택을 제대로 받아보지도 못 했지만,

그래도 잘 자라 준 아이들이 눈에 들어왔습니다.

가슴이 아프고 미안하여 어찌할 바를 몰랐습니다.

그러나 그런 마음은 속에 꼭꼭 감추고,

겉으론 전혀 내색하지 못했습니다.

그렇게 살아오지 않아 익숙지 못한 것 뿐만 아니라

자신의 연약함을 드러내면 아내가 완전히 자기를 무시하고

짓밟을 거라 생각되었기 때문입니다.

그래서 더 소리 지르고, 더 포악해지고,

더 못되게 굴고, 더 순종을 요구하고,

더 자존심을 내세웠습니다.

그러면 아내는 무척 괴로워하고, 슬퍼하며 아파했습니다.

그러던 어느 날부터 잠을 자고 일어나면

예전의 순종적이고 어수룩한 아내는 없어지고,

점점 더 영악해지고, 한마디도 지지 않고 대꾸하며,

눈을 부릅뜨고 너 죽고 나 죽자며

악에 바쳐 대드는 아내만 보였습니다.
그런 아내가 싫기도 했지만
살아남으려면 아내의 그런 버릇을 고쳐야겠기에,
최씨는 더욱 난폭해졌습니다.
그러면 그럴수록 아내는 감당되지 않을 정도로
드세져만 갔습니다.

최씨는 이혼을 요구하는 아내 때문에
지금 너무 괴로워 어쩔 줄 모르고 있습니다.
그러나 체면 때문에 비굴하게 무릎을 꿇고
용서를 구할 수도 없습니다.
'나하고 그렇게 오래 살았으면
남편의 마음을 읽을 수 있어야지
바보 같은 여편네 그걸 꼭 말로 해야 아나…
미안하니까 내가 지금 이렇게 꼬리 내리고 살고 있는데
그걸 모른다는 게 말이 돼.
그나저나 진짜 이혼을 원하는 것일까?
저러다 그만 두겠지.
항상 그랬으니까…'

살아 있는 가정

아내 유씨는 외동딸로 어떤 어려움도 겪지 않고
부모의 사랑을 한 몸에 받으며 살았습니다.
모든 사람이 자기 부모처럼 다 자기를 사랑하고
좋아할 줄로만 알았습니다.

최씨를 만났을 때, 그가 너무 매력적이라고 느꼈던 것은
그의 남성다움 때문입니다.
최씨는 박력이 있었습니다.
앞에 앉아 있노라면 무섭기도 하고, 가슴도 떨렸고,
때로 화를 내면 멋있게도 느껴졌습니다.
그의 눈치를 보는 것도 좋았습니다.
그런 것을 보지도 듣지도 못했던 유씨인지라,
모든 것이 너무 새롭고 신기했습니다.
그렇게 마음고생을 많이 하고,
힘들게 사는 사람은 처음 봤고,
자기가 사랑해 주어 행복하게 해 주고 싶은 마음이
차고도 넘쳤습니다.
그래서 유씨는 최씨와 결혼을 했습니다.
그런데 현실은 마음과 같지 않았습니다.

살아 있는 가정

결혼 후, 최씨는 아내에 대해선 관심이 없었습니다.
아내가 있다는 의식조차 없는지,
집에 들어오지 않는 것은 너무 자연스러운 일이었고,
집에 들어오지 않아도 연락 한 번 한 적이 없었습니다.
이에 대해 잔소리라도 할라치면
물건을 부수고 상이 날아왔습니다.
상스러운 욕을 하고, 눈을 부라리고,
손찌검을 하고 돈도 가져오지 않았습니다.
유씨는 부모의 도움을 받으며 혼자 살았습니다.
자녀 둘을 소망삼아, 그 아이들 키우는 재미로 살았습니다.
남편이 멀쩡하게 살아있는 데도
남편 없는 홀어머니가 되어 열심히 일하며,
자녀들을 키우고, 성실하게 살아갔습니다.
부모님이 그렇게 하라니까… 아이들이 불쌍하니까….

그러던 어느 날, 그 잘난 남편이 망해
집 안으로 들어왔고,
돈 한 푼 없고 나갈 곳도 없자 방구석에서
아내만 들볶으며 지냈습니다.
유씨는 그런 남편이 너무 싫었습니다.

망했어도 남자답게 세상을 호령하며
활기차게 다녔으면 했습니다.
자기에게 투정부리고 욕하는 것은 참겠는데
아이들에게 신경질을 부리고, 욕하고,
때리는 것은 참을 수가 없었습니다.
자기가 한 것이 뭐 있다고 아이들을 때립니까?
단 한 번 선물이라고 사들고 들어온 적도 없으면서,
자기가 한 것이 뭐 있다고 멀쩡한 애들을 야단칩니까?
남편에 대해 생각하면 할수록 화가 치밀어
견딜 수가 없습니다.

이렇게 살아선 안 되겠다고 마음먹고 이혼을 요구했습니다.
지금까지 혼자 살았는데,
무엇 때문에 항상 불평하고
자기를 힘들게 하는 남편과 살아야 하는지
그 이유를 찾을 수가 없습니다.
이혼을 결정하고 수속을 시작하니,
모든 것이 너무 평안해지고, 화도 안 납니다.
아이들을 잘 키우며 더욱 잘 살아야겠다는 마음밖엔 없습니다.
문득 남편 최씨가 참 불쌍한 사람이라는 마음이 듭니다.

살아 있는 가정

'그 사람 참 불행한 사람이야 참 불쌍해….'

최씨와 유씨는 겉으로 드러난 부부의 관계와 보이지 않는 관계의 의미 사이에 매우 큰 간격이 있습니다. 당연하게 그들의 가정은 역기능적으로 작동할 수밖에 없습니다. 가정마다 상호 관계 작동 방법이 있습니다. 한 개인이 관계하는 방법이 가정 시스템을 가동하는 관계 방법이 되기도 합니다. 당신은 어떻게 관계하고 있습니까?

가정 시스템은 서로에게 연계된 행동을 통해 안정성을 유지합니다(System's recursion)

가정 시스템 안에 상호 관계 작동 방법이 있다는 말은 또 다른 면을 살펴보게 합니다. 그것은 가족끼리 서로 연계되어 있고, 그 연계된 행동은 순환적이며, 그 순환적 행동을 통해 시스템은 안정을 유지한다는 것입니다. 이를 System's recursion이라고 합니다.

관계의 패턴을 누가 시작했는지, 어떻게 끝날 것인지는 아무도 모릅니다. 관계하는 당사자들도 모릅니다. 그저 순환도로를 운행하는 차처럼 반복적으로 계속하여 뱅뱅 돌 뿐, 그 패턴에서 빠져 나오지 못하지만 그것이 작동된 시스템을 유지하게 합니다.

술만 먹으면 소리치고 때리는 남편이
맨 정신일 때 아내에게 간곡히 부탁했습니다.
"여보, 당신도 알다시피
내가 술만 먹으면 성질이 더러워지잖아.
그러니까 당신이 내 성질 건드리지 마.
술 먹고 들어오면 무슨 소릴 해도 못 들은 척하고,
무슨 짓을 해도 못 본 척해 줘. 부탁이야.
술이 깬 후에 당신이 나한테 얻어맞은 것을 보면
나 정말 미안해서 미치겠어. 제발 부탁이야.
내 부탁 좀 들어줘, 응?"

아내는 간곡히 부탁하는 남편의 말을 들으면서,
마음이 동하고 측은하고 불쌍한 마음까지 들었습니다.
"그래, 알았어. 나도 알아, 당신 마음.
당신도 얼마나 괴롭겠어? 내가 노력해 볼 게."
이렇게 대답하고 싶은데, 정작 나오는 말은 그게 아닙니다.
"그러니까 내가 뭐래? 술 마시지 말란 말이야.
나보고 술 먹은 당신 건드리지 말라 하지 말고,
당신이 술을 안 먹으면 될 것 아냐?
당신이 술만 안 마시면 우리 집은 문제될 게 하나도 없어.

살아 있는 가정

난 당신이 술 먹고 주정하는 꼴 못 봐.
그냥 보고 넘어 갈 수가 없어.
꼭 우리 아버지 보는 것 같아서 정말 싫어!
제대로 하는 일도 없으면서 그저 술이나 퍼먹고,
집 식구들 들볶고…
한 푼도 벌지는 못하면서 있는 물건들 던져 부수기 일쑤고…
난 그런 꼴 못 봐. 아니, 안 보고 살 거야.
만약 당신이 술 먹고 들어와서 한 번만 더 주정하면
그땐 이혼이야. 더 생각할 것도 없어.
이혼이야, 이혼. 알았지?"

술 먹고 주정하는 남편이나, 그런 남편 때문에 괴로워하는 아내나, 둘 다 그렇게 사는 이유가 있습니다. 정확한 이유는 알 수 없지만, 술만 먹으면 주정한다는 사실을 알면서도 계속적으로 술을 먹는 이유나 술 먹은 사람을 건드리면 폭력으로 번진다는 사실을 알면서도 건드리는 이유는, 분명 그런 행동 패턴을 통해 무엇인가를 얻고 있기 때문입니다.

폭력을 가하여 아내가 만신창이가 된 것을 보는 것이 술을 먹지 않고 주정을 부리지 않는 것보다 덜 아픈 모양입니다. 그 이유가 무엇인지는 몰라도 분명 그 폭력적이고 파괴적인 행동을 통해 얻는 것이 있다는 말입니다. 이혼을 당하면서도 얻는 것이 있다는 것입니다. 그 비밀이 고질적이고 순환적인 관계 패턴을 푸는 열쇠가 되겠지요.

아내도 마찬가지입니다. 남편의 마음을 알면서도, 또 얻어맞을 것이 뻔한 일인데도, 술 먹은 사람을 건드리는 이유가 무엇이겠습니까? 술 먹은 남편에게 얻어맞고 만신창이가 되는 것이 술주정하는 남편을 그냥 보고 넘기는 것보다 덜 아픈 것이 분명합니다. 다시 말해 얻어맞고 만신창이가 되는 아픔이 아내에겐 더욱 큰 의미가 된다는 말입니다. 그 비밀을 아는 것이 관계를 푸는 열쇠가 됩니다.

가정 시스템의 관계 패턴의 순환적 작동은 드러난 패턴과 그 속에 흐르는 비밀스러운 의미를 알아야만 풀 수 있습니다.

만약, 엄마의 무조건적인 사랑에 메마른 아들이 결혼을 했다고 가정해 봅시다. 그는 술 먹고 주정하는 모습을 자신의 가장 부족한 모습이라고 설정합니다. 그 모습을 아내에게 보임으로써 아내에게 무조건적으로 사랑받고 있음을 확인하고 싶은 의미를 부여하고 있는지도 모릅니다. 만약, 그런 자기를 받아주지 못하는 아내라면, 잘못된 것이니 때려서라도 고쳐야겠다고 생각하겠지요. 엄마야 잘못했어도 때려 고칠 수 없었지만, 아내는 때려서라도 잘못을 가르쳐

주어야겠다고 생각합니다. 그러니 술을 안 먹을 수 없고, 주정을 안 부릴 수 없습니다. 그것이 자기가 이해받고 싶은 가장 추하고 천한 모습이라고 설정했기 때문입니다.

  아내가 자기의 그런 모습을 무조건적으로 받아줄 수 있다면, 단 한 번만이라도 아내의 무조건적인 사랑을 경험할 수만 있다면, 남편은 자기의 간까지 다 빼 주며 사랑할 것을 마음으로 다짐하고 있는 상황입니다. 그래서 술 먹는 것과 주정하는 것은 좋은 관계가 시작되기 위한 첫 조건일 뿐, 아내를 괴롭히려고 하는 것이 아니기에 그녀에게 자기를 건드리지 말 것을 누누이 요구합니다.

  그런데 도대체 아내가 왜 그것을 모르는지 알 수가 없습니다. '제발 부탁이니 술 먹고 주정하더라도 건드리지 말고 넘어가 달라고 간곡히 부탁'을 했는데 아내가 너무 자기 마음을 몰라준다고 생각합니다. 어느 때는 엄마보다 더 지독한 여자처럼 느껴져 정이 뚝 떨어질 정도입니다.

  그러나 아내는 아내대로 '난 아버지같이 무능한 사람하곤 살지 않을 거야!'라는 관계 설정을 했다고 칩시다. 아내가 무능력=술=주정=폭력=불행이라는 공식을 가지고 있다면, 남편의 술 마심은 곧 무능력과 연결이 되기에, 술 마시는 것은 용납할 수 없습니다. 자기는 절대 아버지 같은 사람을 남편으로 삼아 살 수 없습니다. 자기는 절대 엄마처럼 무능력한 남편 때문에 불행하게 살기 싫습니다. 그래서 술 먹는 것은 절대로 용납할 수 없는 관계 조건입니다.

그런데 그런 것도 모르고, 남편은 자신의 술 먹는 것과 주정하는 것을 용납하라니… 말이 되는 부탁이어야 들어줄 것 아닙니까? 정말 말이 안 됩니다. 불행할 것이 뻔한데, 어떻게 가만히 보고 놔두라는 것입니까? 죽으면 죽었지 그것은 못할 짓입니다. 자신도 그런 부모님 때문에 얼마나 불행하게 살았는데, 자식들까지 그 불행을 겪게 한단 말입니까?

그녀에게는 남편이 술을 안 마셔야 하는 것이 행복한 결혼 생활의 절대 조건입니다. 술만 안 마시면 됩니다. 그러면 남편한테 너무 잘할 것 같습니다. 그 간단한 진리를 모르는 남편이 정말 바보스럽고 미련해보이기만 합니다.

사람마다 관계를 작동시키는 독특한 방법이 있습니다. 그 작동은 순환적이라 한번 시작하면 잘 끊어지지 않습니다. 그 작동은 한 세대로 끝나지 않고, 다음 세대로 연결되며 순환됩니다. 그 순환이 그 시스템을 안정시키기 때문입니다. 물론 그 안정은 고질적이고 병적이며 파괴적이고 악할 수도 있습니다. 그러나 익숙한 것이기에 계속 지속합니다. 모르는 새 것보다 아는 옛 것이 더 편하기 때문입니다. 병들어 괴로울 줄 뻔히 알면서도 말입니다.

살아 있는 가정

가정 시스템은 피드백 장치로 수정됩니다
(System's feedback)

가정 시스템 안에는 피드백 장치가 있습니다. 이것은 다른 말로 관계 패턴의 순환적 작동(recursion)에 의거한 자동-수정 시스템(self-correction)이라고 합니다. 이 장치가 건강하여 들어 오고 나가는 것을 잘 조절하면 관계가 건강하게 작동하도록 도울 수 있고, 그렇지 않으면 관계 패턴이 고질적인 순환을 반복하게 되어, 가정 시스템과 그 속에서 사는 사람들이 병들 수도 있습니다.

사람은 자기가 어떤 식으로 관계하며 사는지 잘 모릅니다. 자기 스스로가 자기가 맺는 관계의 기준이므로, 자신이 관계하는 방법은 옳고 당연하고 합당하고 마땅하다고 생각합니다.

홀로 사는 사람은 자기가 어떻게 관계하는지 잘 모릅니다. 누군가가 자기가 관계하는 방법에 반응해 줘야 하는데, 반응해 주는 사람이 없기 때문에 자기는 아무런 문제가 없다고 생각합니다. 그러다가 누군가와 함께 살게 되면, 그 순간부터 문제가 발생합니다. 세상에 자기와 같은 사람은 자기 하나밖에 없습니다. 자기가 원하는 대로 반응해 줄 사람도 자기 자신뿐입니다. 나머지 모든 사람은 자기와 다르게 관계하고 반응합니다. 그렇기에 관계 대상자의 예기치 못한 반응은 너무 당연한 것이나, 당사자에게는 너무 황당한 일이 되기도 합니다.

　관계하는 대상자의 반응이 없이는 자신이 어떻게 관계하는지 그 작동 방법을 알 수가 없습니다. 관계 대상자의 반응은 거울과도 같아 자신의 관계 패턴을 발견하게 해 줍니다. 결혼을 하는 가장 큰 이유 중 하나는 그 관계 대상자를 통해 자기의 관계 패턴을 발견하기 위함입니다. 세상에는 자기와 똑같이 관계하는 사람이 없기에, 가장 가깝다는 배우자의 반응을 통해 자기를 돌아보는 작업을 하는 것입니다. 배우자의 반응이 가장 좋은 관계의 거울입니다.

　문제는 관계 패턴의 순환적 작동이 상대방의 색다른 반응을 긍정적으로 받아들이지 못하게 한다는 것입니다. 오히려 관계 대상자의 반응을 이상하다고 느끼면서 자기 것을 고수하게 합니다. 변하려 하지 않고 지키려 합니다. 새로운 방법을 생각지 않고, 했던 그대로를 반복하려 합니다. 자기 것은 좋은 것이므로 보존하고, 자기 것과 다른 것은 나쁜 것이라 여겨 거부합니다. 순환되고 있는 것에 역류하는 것은 엄청난 손해와 피해와 어려움과 괴로움을 당하는 일임을 알기 때문입니다. 시간과 에너지를 빼앗기고도 승산이 없는 싸움이기에, 아예 시작도 하지 않습니다.

가정 시스템 안에 반응 장치(feedback system)가 있는 것은 반응을 통해 필요한 것을 스스로 수정하라는 의미입니다. 가족은 서로가 서로에게 반응 장치가 됩니다. 너의 반응을 보고 나를 수정하는 작업이 일어나야만 그 가정은 건강할 수 있습니다. 자기는 자기 스스로를 수정할 수 없습니다. 관계 대상자의 예기치 않은 반응 때문에 자기를 수정해야 할 필요를 느끼고 필요한 수정을 하는 가정이 건강한 것입니다.

술 먹고 주정하는 남편이 아내의 반응을 읽어야 합니다. 그렇지 않으면 아내를 잃고도 왜 잃었는지 몰라 재혼해도 똑같은 방법으로 살아갑니다. 자기의 실패를 인정하지 않기 때문에 자기는 변하지 않으려 하며 아내의 잔소리와 지혜롭지 못함만 지적합니다. 그래서 이혼을 당합니다.

아내 또한 남편의 반응을 읽어야 합니다. 남편의 술 마심이 무능력이 아님을 알아야 합니다. 그래서 스스로 관계 설정을 수정해야 합니다. 그렇지 않으면 그렇게 말리고 설득하고 애를 썼는데도 계속 술을 마시고 폭력을 가해 어쩔 수 없이 이혼했다고 말할 수밖에 없습니다. 재혼을 해도 새로 만난 남편이 술을 마시면 전 남편과 마찬가지의 상황이 벌어집니다.

엄씨와 그 부인 그리고 맏아들과 맏며느리도 서로의 반응들을 읽어낼 수 있었다면 그런 아픔은 계속되지 않았을 것입니다. 피해를 입고 배신을 당한 맏며느리는 엄씨 부인 못지않게 병을 앓으며, 자신이 큰 피해자임을 나타낼 것입니다. 그리고 약자의 입장에 서서 강자이신 어머니를 대적할 방법을 찾을 것입니다.

맏며느리의 맏아들은, 아버지가 할머니에게 그러셨던 것처럼, 드러난 약자인 엄마의 원수 갚는 일에 희생자가 될 것이고, 다른 아들들은 피해자인 엄마의 맺힌 한에 연합하여 엄마가 강자가 되게 해 줄 것입니다. 상대의 반응을 읽어 스스로를 수정하지 않으면, 그 반응으로 말미암아 오히려 시스템이 더욱 고질적이고 병적으로 작동합니다. 스스로를 굳히는 작업을 강화시킬 수밖에 없습니다.

가정 시스템은 변하지 않으려고 합니다
(System's homeostasis)

어떤 시스템이든지, 한번 작동하면 정지하기가 어렵습니다. 한번 작동된 시스템은 그 방법대로 계속 움직이기를 원합니다. 가정을 위해 시스템을 작동시켰는데, 어느 새 사람들이 그 시스템의 노예가 되어 시스템을 살리기 위해 사람을 죽이는 일이 벌어집니다.

어떤 시스템이든 가동되고 있는 시스템은 안정을 요구하고, 안전하기를 원합니다. 안정되고 안전하다는 말은 습관화되어 익숙하고 쉽다는 말입니다. 안정된 시스템은 강하고 역동적입니다.

작동하고 있는 어떤 시스템이든 변화를 싫어합니다. 변화는 시스템을 약화시키고, 불안정을 가져오며, 사람들을 불편하게 만듭니다. 습관화 된 것들이 아니기에 매번 새로운 에너지를 사용해야 합니다. 예측할 수 없기에 불안합니다. 그래서 사람들은 습관화 된 것을 추구하고, 시스템은 항상 똑같은 상태(homeostasis)를 유지하기 위해 많은 에너지를 사용합니다.

문제는 균형에 있습니다. 안전과 변화가 시스템 속에서 균형을 이루지 못하면 문제를 앓습니다. 너무 변화가 심해도 시스템 자체가 형성되지 않아 움직이지 않고, 너무 정체되면 오히려 많은 병적 증상들이 나타납니다. 그래서 변화를 습관화하라는 말도 있습니다. 항상 변화해야 합니다. 그 변화가 어떤 갑작스런 사건이 아니라, 체질이 되어야만 건강할 수 있습니다.

모든 생명체는 항상 변화합니다. 변화해야 건강합니다. 가정도 살아 있다면 당연히 변화해야 합니다. 죽어 있기에 그토록 변화가 어려운 것입니다.

part Ⅲ

가정은 고유한 매뉴얼을 가집니다

1. 가정의 '오장'
2. 가정의 '육부'

가정이 시스템으로 작동한다는 말은 가정을 이해하는 중요한 개념입니다. 가정은 시스템으로 작동하기에, 작동 구조가 존재합니다. 그 구조는 사람의 몸처럼 정밀하고 체계적입니다. 사람의 형체를 이루고 있는 골격 안에 오장 육부가 작동하고 있듯이, 가정 시스템이란 골격 안에 가정의 내부 조직이 작동하고 있습니다. 이를 가정 시스템의 오장 육부라고 칭하겠습니다. 지금부터가정 시스템이라는 골격이 보호하고 있는 오장 육부가 어떻게 조직되어 작동하는지 자세히 살펴보겠습니다.

1. 가정의 '오장'

　　　　　　　　　　가정 시스템의 내부에는 다섯 가지의 작은 시스템이 작동되고 있습니다. 그것을 가정 시스템의 '오장'이라고 합니다. 이 오장 시스템이 조직되어 가동되지 않는 한, 다른 조직들은 작동하지 않습니다. 마치 작동 매뉴얼이 작성되지 않아 전체 시스템을 작동시키는 방향과 순서를 모르는 것과 같습니다. 다음은 가정 시스템의 오장입니다.

　　1) 감정 시스템
　　2) 가치 시스템
　　3) 권력 시스템

4) 관계 시스템

5) 집행 시스템

감정 시스템 기본적인 반응 시스템

감정 시스템은 모든 시스템의 기초입니다. 사람이란 말을 배우기 전부터 감정이란 언어로 움직이는 존재입니다. 감정은 다른 모든 시스템이 작동되기 위해 먼저 조직되고 작동되는 가장 기본적이며 가장 강력한 시스템입니다. 주위 사람들이 보기에는 기복(up&down)이 심하고, 기준이 없어 보이는 감정이지만, 자신이 고수하고 준수하는 감정의 기본 룰(rule)이 있기에, 감정은 그 사람에게 매우 일관성이 있습니다.

자신이 무엇 때문에 기분이 좋고, 무엇 때문에 기분이 나쁜지를 매우 잘 압니다. 그 이유가 타인에게 타당하든 타당하지 않든, 이는 별개의 문제입니다. 전혀 상관없습니다. 자신에겐 타당한 이유가 되기 때문입니다. 이것이 감정의 독특한 작동 방법입니다. 이런 역동으로 가정의 감정 시스템은 형성되고 작동됩니다.

감정 시스템은 각 가정마다 매우 독특한 방법으로 작동됩니다. 각자의 감정이 매우 독특하듯이, 각 가정의 감정 시스템은 나름대로 그 풍기는 맛과 나타내는 색깔이 서로 다릅니다. 기쁨이나 슬픔 등 감정이 가지각색입니다. 내가 슬픈 것과 네가 슬픈 것은 같지 않습니다. 내가 기쁜 것과 네가 기쁜 것도 서로 다를 수 있습니다. 그것을 서로에게 표현하는 방법도 다릅니다. 감정은 참으로 오묘한 방법으로 한 사람과 그 가정과 사회를 움직입니다. 작게는 개인의 생활을, 크게는 한 나라의 문화를 만들어 냅니다. 여기에서 다른 모든 시스템이 파생됩니다.

감정 시스템은 사람의 몸 안에 있는 간장과도 같습니다. 몸 안의 화학 공장이라고 불리는 간장과 같이 감정 시스템은 한 사람이 경험하는 모든 사건을 감정이라는 화학 반응을 통해 자기 것으로 취하기도 하고, 걸러내어 몸 밖으로 내보내기도 합니다. 한 사람의 가치 시스템을 결정합니다. 가치 시스템이 제공하는 모든 기준의 옳고 그름과 좋고 나쁨을 감정적 반응을 통해 나타냅니다. 온몸이 그 기준 언어를 읽어낼 수 있도록 도와줍니다. 말로 표현하지 않아도 스스로 느끼는 몸의 가장 기본적인 반응 언어입니다.

감정 시스템 속에서 화학 작용으로 분해되어 영양분으로 흡수되지 않은 사건이나 경험이 있다는 것은 마치 음식을 급히 먹고 체하면 죽을 수도 있는 것과 같습니다. 몸속에서 해결되지 않은 응어리가 몸을 해치는 것과 같은 이치입니다. 감정 시스템이 감당할 수 있는 용량보다 더 많은 양의 사건과 경험이 한꺼번에 몰려와도 시스템은 원활히 움직이지 못합니다. 스트레스가 있다든지 걱정과 염려가 있으면 감정 시스템이 즉각 반응하는데, 그 반응에 적절히 대처하지 않을 때 병이 듭니다. 간이 그렇듯이, 감정 시스템이 병든 것을 알 때는 이미 70% 이상 병이 진전되었을 때입니다. 회복하기에는 너무 때가 늦었을 수 있습니다.

감정 시스템의 건강은 한 사람의 감정처리 작업이 얼마만큼 원활히 이루어지는가에 의해 측정됩니다. 얼마만큼 사건에 얽힌 감정을 처리해 나갈 수 있는 능력을 가지고 있는가로 그 건강의 정도를 측량합니다. 그 감정의 처리를 어느 정도의 자유와 억압으로, 또는 지원과 조정으로 처리하느냐로 그 건강의 정도를 측량할 수 있습니다. 그러므로 희노애락 등의 감정들을 편안하게 잘 처리하도록 감정 시스템을 건강하게 작동시켜야 합니다.

가치 시스템 의미 제공 시스템

　가치 시스템은 한 가정의 시스템이 특정하고 고유한 방법으로 작동하도록 가장 근본적인 의미를 제공해 주는 시스템입니다. 사람의 몸으로 말하면 심장과도 같은 역할을 감당하며, 뇌와 긴밀하게 연결되어 일합니다. 가치 시스템이 정해놓은 가치관에 의해 어떤 사건은 문제가 되기도 하고 어떤 사건은 아무렇지 않게 넘어갑니다.

　가치 시스템은 여러 가지 가치 영역으로 형성되어 있습니다. 사회적 가치, 문화적 가치, 종교적 가치, 관계적 가치, 체험적 가치 등등. 여러 영역의 가치들이 어울려 하나의 가치 시스템을 형성합니다. 한 가정의 가치 시스템은 가족 한 사람 한 사람의 생생한 역사를 함축한 에센스와도 같습니다. 가치 시스템이 삶의 철학을 함축하여 생활의 기준을 잡은 대로 나머지 모든 시스템은 작동됩니다. 생활을 영위해 나가는 구체적인 기준 언어가 형성됩니다. 옳고 그르고, 좋고 나쁘고, 기쁘고 슬프고, 편안하고 불편하고, 원하고 원치 않는 생활의 필요한 기준 언어를 제공합니다. 그 기준 언어를 중심으로 사람들은 생활을 풀어나갑니다.

권력 시스템   보이는 체계를 형성한다

　권력 시스템은 한 사람이 가지고 있는 힘, 권력, 권리, 법, 한계, 조정, 균형, 조화 등의 내적 작용이 조직과 체계라는 형태로 유일하게 외부의 세계에서 눈으로도 감지될 수 있는 시스템입니다. 우리 몸의 허파와 같은 시스템입니다.

　이것은 그 특성상 홀로 작동될 수 없습니다. 반드시 상대가 있어야만 합니다. 권력은 홀로 가지고 있으면 소용이 없습니다. 반드시 권력을 받아들이는 상대가 있어야만 소용이 있습니다. 또 권력 시스템은 외부의 침략으로부터 보호를 받지 않으면 무너져 버립니다. 그러므로 철저한 보안이 필요한 시스템입니다. 관계하는 상대방과 긴밀한 관계 속에서 은밀히 이루어지는 작업입니다.

　권력 시스템은 권력을 행사하여 계급 체계를 형성하고 종속관계를 이루어, 권력과 조정의 역동을 발휘합니다. 만약 권력 시스템을 마스터 한 사람의 안위와 평안을 위해 악용하면, 그 권력 시스템을 통해 가치 시스템을 움직여 감정을 조정합니다. 무엇이 옳고 그른지를 정해 주고, 허락된 감정 표현은 무엇이며, 어떤 종류의 말을 해야 하는지 경계선이 정해집니다. 그러면 그 시스템에 속한 사람들은 마스터의 독재와 심한 조정으로 인해 병이 듭니다. 마스터가 죽거나 쿠데타가 일어나지 않는 한, 시스템은 변할 수 없습니다. 그러나 만약 마스터가 자기의 권력을 지도력으로 발휘하여, 질서의 균형을 잡고, 관계의 조화를 이룬다면 건강한 관계의 역동을 경험할 수 있습니다. 권력을 잘 쓰면 모든 사람이 행복해집니다.

관계 시스템 그물처럼 서로를 엮는다

관계 시스템은 우리 몸 안의 위장과 같아 외부와의 직접적인 관계를 통해 모든 것이 한꺼번에 저장되고 처리되는 시스템입니다. 선택된 것이든, 강제로 요구된 것이든, 일단 입 안으로 들어오는 모든 것은 받아들이며 소화시키는 역할을 합니다. 수용한 것이 몸에 좋은지 좋지 않은지를 판단하여, 받아들일 수 없을 때는 토해내기도 하고, 배가 아플 때는 약을 먹도록 하기도 합니다.

상호 의지직 관계인지 상호 독립적 관계인지, 엉킨 관계인지, 끊긴 관계인지, 친밀한 관계인지, 먼 관계인지, 단순한 관계인지, 복합적인 관계인지 만나는 사람들을 의미 있는 관계로 만들어 가는 시스템이 바로 관계 시스템입니다. 그 관계의 의미가 부정적일 수도 있고 긍정적일 수도 있지만, 한번 엮이면, 순환적 작동을 통해 다른 의미를 갖기는 어렵습니다. 관계 시스템은 보이지 않는 가치와 감정과 권력 시스템의 보이는 결정체입니다. 한 사람이 어떻게 관계하는가로 그 보이지 않는 것들을 알게 됩니다. 그러므로 관계 시스템의 변화는 관계 그 자체로 변하지 않습니다. 가치로 변합니다. 생각이 바뀌어야 관계가 변합니다.

집행 시스템 생활 습관과 패턴을 낳는다

집행 시스템은 말 그대로 외부에서 수용한 여러 가지 물질로 말미암아 몸 안에서 일어난 일의 결과를 밖으로 방출하는 시스템입니다. 몸으로 말하면 대장과 소장 같은 시스템입니다. 몸속으로 수용된 경험들이 피가 되고 살이 되게 할 수도 있고, '설사'로 탈진상태가 되게 할 수도 있습니다. 남은 찌꺼기를 내어 보낼 수도 있고, 변비가 되어 움켜쥐고 온몸을 힘들게 할 수도 있습니다.

어떤 사건을 어떻게 해소하느냐 하는 것은 건강한 시스템을 위해 매우 중요합니다. 아무리 좋은 것을 많이 먹어도 소화시키지 못하고, 필요한 만큼 정기적으로 배설하지 못하면 건강하지 못합니다. 그래서 집행 시스템의 건강으로 그 전체 시스템의 건강을 짐작할 수 있습니다.

한 예로 어떤 가정은 치우는 일이 매우 중요합니다. 하루 종일 치우고 정리하고 물건을 제자리에 갖다 놓는 것이 일입니다. 아침을 시작하는 언어도 치워라, 정리 해라, 잘 놔라, 갖다 놔라 등 치우라는 언어입니다. 정리할 것이 없으면 제자리에 있는 물건을 다 끄집어 내 다시 정리합니다. 하루가 아니라 십 년을 하루같이 같은 언어를 사용합니다. 그 가정의 사람들은 치우는 일로 노이로제에 걸려 있습니다. 항상 깨끗한데 항상 더럽다고 생각합니다. 치우는 습관이 몸에 배고, 그것으로 집안을 풀어갑니다. 하루에 한 번 집안을 깨끗이 청소하는 것 이상입니다. 치우는 것이 생활 리듬입니다. 치우는 것이 호흡입니다. 치우는 것이 관계 패턴입니다. 싸워도 치우고, 힘들어도 치우고, 불편해도 치우고, 스트레스가 쌓여도 치우고, 속상해도 치웁니다. 치우는 것이 그 가정의 집행 시스템인 것입니다.

어떤 가정은 먹는 것이 집행 시스템입니다. 먹는 것으로 생활을 풀어갑니다. 얼마나 잘 먹느냐가 너무 중요합니다. 이 가정에서 먹기 위해 산다는 말은 그냥 스쳐 지나가는 말이 아닙니다. 정말 먹기 위해 삽니다. 일어나는 순간부터 무엇을 먹을 것인지, 누가 먹을 것인지, 언제 먹을 것인지, 누구와 함께 먹을 것인지, 어디에서 먹을 것인지, 누가 먹게 해 줄 것인지 등등 모든 생활이 먹는 것과 연결되어 있습니다. 먹는 것 때문에 싸우고, 먹는 것으로 풀고, 먹기 위해 일하고, 일하면 꼭 먹어야 하고, 먹기 위해 배우고, 배우기 위해 먹고… 먹는 것이 이 가정의 집행 시스템입니다.

가정이 시스템이라는 말은 한 사람 안에서 일어난 일은 한 사람의 일로 끝나지 않고 시스템 자체에 영향을 끼친다는 것입니다. 물론 시스템도 그 사람에게 영향을 끼치지요.

가정은 시스템입니다. 홀로 작동할 수 없고, 홀로 살 수 없습니다. 가정을 시스템으로 보는 눈을 기르십시오. 그러면 가정이 더욱 잘 보일 것입니다.

살아 있는 가정

2. 가정의 '육부'

가정 시스템의 오장은 겉으로 보이지 않게 연계된 가치, 감정, 권력, 관계, 집행 시스템입니다. 다시 말해 오장은 원칙을 세우고, 원리를 제공하는 시스템입니다. 그와는 달리 가정 시스템의 육부는 그 원리와 원칙을 직접 피부로 느끼고 눈으로 볼 수 있게 하는 행동 조직입니다. 이 행동 조직을 살피면 보이지 않는 가정의 오장 시스템을 알 수도 있습니다. 가정 시스템의 내부에서 가동되는 육부는 다음과 같습니다.

1) 가정을 지배하는 법이 있습니다
2) 가정은 하위 조직으로 구성되어 있습니다

3) 각 가족에게는 주어진 역할이 있습니다
4) 가족들은 독특한 방법으로 대화합니다
5) 가족간에는 관계 거리가 정해져 있습니다
6) 가정은 항상 예식을 치릅니다

가정을 지배하는 법이 있다

법은 가치 시스템을 통해 정해집니다. 법은 그 가정 시스템과 그 사람의 실질적인 생활의 모습으로 전개됩니다. 잠자리에서 일어나는 순간부터 가치 시스템은 작동되고, 법은 그 사람을 움직입니다.

"새 나라의 어린이는 일찍 일어난다!"라는 아버지의 말씀이 가치 시스템 속에서 움직이고 있다면, 그래서 "늦게 일어나는 사람은 게으른 사람이고, 게으른 사람은 아버지가 싫어 하신다"는 가치가 작동하고 있다면, 눈을 뜨는 순간부터 그 기준 언어는 작동합니다. 그래서 아버지에게 인정을 받고 싶은 아이라면 벌떡 일어날 것이고, 일어날 시간에서 일 분이라도 늦으면 눈 뜨는 순간부터 가슴이 철렁할 것이고, 철렁한 가슴을 안고 아버지의 눈치를 살피며 아버지의 눈빛에 자신의 인생을 겁니다. 일 분 늦은 것 때문에 게으른 사람이 되어 아버지에게 인정받지 못한 아들로 평생을 불행하게 살아갈 수도 있습니다. 이것이 법의 기능입니다.

　빨간 신호등을 보고 건너 갈 것인가 말 것인가를 결정하려는 순간에도 가치 시스템은 작동되고, 그로 말미암아 그 상황에 연계된 법이 작동합니다. 아버지가 선생이셨고, 도덕과 윤리 의식이 철저했던 유교 집안에서 자란 아들에게 '인간의 됨됨이는 사람들이 안 볼 때도 법을 잘 준수하느냐 그렇지 않느냐에 달렸다'는 아버지의 말씀이 가치 시스템을 작동하는 기본 언어가 됩니다. 그래서 아무리 바빠도 빨간 신호를 보고는 멈춰 서야 합니다. 건너가면 안 됩니다. '신호는 지켜야 한다'는 법이 움직이기에, 자기는 양반이기에, 모범 선생의 모범 자녀이기에 절대 건너갈 수 없습니다. 신호 하나 못 지켜 인간 이하의 사람이 될 수는 없기 때문입니다.

　빨간 신호등을 보고도 이리저리 둘러보고 차가 오지 않으면 급히 건너가는 사람도 있습니다. 아무리 빨간 신호라 해도 당장 급한데 어떻게 파란 불이 켜질 때까지 기다릴 수 있느냐고 말합니다. 만약 그런 사람들이 있다면 할 일이 없거나 좀 덜 된 사람들일 거라고 비웃습니다. 눈감으면 코 베어갈 세상인데, 그런 융통성도 없이 어떻게 살아가느냐고 오히려 어처구니없어 합니다. 경찰도 급하면 신호를 지키지 않는 것을 모르냐며, 오히려 그런 상황에서 신호를 지키는 사람들에 대해 답답해합니다.

　이렇게 그 사람의 가치 시스템이 기준 언어를 주고 그 언어가 법을 제시하여 그 사람이 그렇게 움직이도록 만듭니다.

　법의 세계에도 부동성과 융통성의 정도가 있습니다. 법이 부동하다 함은 완고하여 사람보다 법이 더 중요하게 취급된다는 말입니다. 법이 사람을 이깁니다. 법이 사람을 조정합니다. 법이 강화되기 위해 사람을 도구로 사용합니다. 그러나 세상에 완고한 법은 없습니다. 그 법을 사용하는 시스템과 그 마스터가 완고할 뿐입니다.

　반대로 법이 융통성이 있다 함은 사람이 법을 이용한다는 말입니다. 사람의 필요에 따라 언제든지 법을 바꿀 수 있습니다. 사람을 위해 법을 만들었으니 사람이 법에게 종속될 필요가 없습니다. 그래서 사람이 법을 사용하고 이용하고 활용합니다. 어떻게 법 자체가 융통성이 있겠습니까? 사람이 그 법을 융통성 있게 사용할 뿐입니다. 이런 법이 작동되고 있는 집안이라면, 마스터가 그런 기준 언어를 가지고 있는 자라는 사실을 잊어서는 안 됩니다.

　법의 세계는 또 다른 면이 작동됩니다. 그것은 일관성과 즉흥성의 정도입니다. 법의 일관성은 상황과 환경에 흔들리지 않고 일관성 있게 적용된다는 뜻입니다. 이 사람에겐 이런 뜻으로, 저 사람에겐 저런 뜻으로 적용되지 않습니다. 모든 사람에게 일관성 있게 같은 방법으로 적용된다는 의미입니다. 법이 일관성이 있으려면 신중히 법을 세워야 합니다. 그 법을 변경할 때도 많은 시간과 생각이 필요합니다. 한 가지의 법이 힘을 잃지 않고 오랫동안 힘을 행사한다면 그 법은 일관성 있는 법입니다.

법의 즉흥성은 그 상황과 환경과 사람을 위해 만들어 적용한다는 의미입니다. 이 사람에게 적용한 법이 저 사람에게 다른 뜻으로 적용될 수 있습니다. 언제든지 필요에 따라 만들어 내지만 필요치 않다면 언제든지 무너뜨릴 수 있다는 뜻입니다. 법의 즉흥성이 왕성히 작동되는 가정이라면, 상황에 대처하는 융통성은 무척 크겠지만, 그 법으로 말미암아 억울한 일을 당하는 사람들도 꽤 많을 것입니다. 오랜 시간동안 법의 즉흥성이 강화되면 그 집안에는 진정한 법이 없는 것과도 같습니다.

엄마가 형에게 동생을 때리면 안 된다고 합니다.
동생이 살못했어도 형이 잘 타일러야지,
큰 사람이 작은 사람을 그렇게 때리면 안 된다고
야단을 쳤습니다.
조금 후에 큰아들이 그릇을 깨뜨렸는데,

엄마가 엉덩이를 때리면서 조심성이 없다고 야단을 쳤습니다.
큰아들은 매우 억울했습니다.
큰 사람이 작은 사람을 때리면 안 된다고 하고선,
엄마는 작은 자기를 왜 때리는지 알 수 없습니다.
동생이 잘못했을 땐 타일러야 한다고 하고선
엄마는 왜 자기를 타이르지 않고 때리는지
이해가 안 됩니다.

　　가정에서 사용되는 법이 일관성이 없기에, 법은 힘을 잃고 지켜지지 않습니다. 큰아들은 자기도 맞았으니까 동생이 잘못하면 또다시 때릴 것입니다. 법은 '때리지 말라' 이지만, 실질적으론 '큰 자가 작은 자를 때리라' 이기에, 그 법대로 움직이는 것입니다.

　　법의 세계에는 권력(Power)과 조정(Control)의 역동이 작동합니다. 법이란 권력을 통해 사람과 상황과 사건과 환경을 조정하기 위해 사용됩니다. 권력의 사용과 상황의 조정은 모든 사람을 유익하게 하기 위해서입니다. 나쁜 일은 철저히 조정하고 좋은 일들이 더욱 왕성하게 일어나도록 하기 위해 법이 사용되어야 합니다.
　　그러나 만약 자기의 이익과 안정을 위해 법을 악용한다면, 권력과 조정의 힘을 이용해 독재자가 나타나고, 법을 통해 독재 체제를 형성하여 관계된 사람들을 허수아비나 로봇처럼 기계적으로 움직이도록 만듭니다. 즉 자유를 빼앗긴 사람들이 되는 것입니다. 법에 억눌려 찍소리 못하고 살게 됩니다. 만약 그 법의 권력과 조정을 벗어난 일이 일어나면, 더 큰 법이 벌로써 가해지고, 사람을 힘으로 다스립니다.

박씨는 엄한 집안에서 자랐습니다.
숨소리도 크게 못 내고, 웃음소리란 들어 본 적이 없는
그런 집에서 자랐습니다.
집 안에서 들리는 소리라곤 아버지의 천둥 같은 호령소리와
때로 아주 조그맣게 들리는 엄마의 흐느끼는 울음소리뿐이었습니다.
박씨는 아버지가 소리를 지르시면 무슨 일이 터질까 봐 불안했습니다.
혹시 자기가 잘못하여 아버지가 화를 내면
엄마가 울게 될까 봐 걱정되었습니다.
그래서 절대 실수하지 않으려고
항상 긴장과 초조함 속에서 살았습니다.
그런 박씨가 결혼을 해서 자식을 낳고 살면서
가장 싫어하는 것이 두 가지 있었습니다.
그것은 소리 지르는 것과 우는 것이었습니다.
어떤 상황이든지 무조건 언성이 높아지면 조금 불안하다가는

갑자기 화가 치밀어 오르고
걷잡을 수 없을 정도로 분노가 치솟아 오릅니다.
그러면 미친 사람처럼 그 화에 못 이겨
말도 안 되는 엉뚱한 일이 벌어집니다.

아이가 울어도 견딜 수 없을 정도로 화가 납니다.
아이가 운다는 이유로 남편이 화를 버럭 내니,
속이 상한 아내가 기가 막혀 눈물을 흘리며 울었습니다.
그러자 남편은 더 이상은 견딜 수 없다는 식으로
자리에서 벌떡 일어나더니, 우는 아내의 입에 손을 들이대고,
머리를 흔들며 울지 말라고 소리를 지릅니다.
왜 우냐고, 무엇 때문에 우냐고,
내가 무슨 나쁜 짓을 했는데 우냐고,
왜 날 괴롭히느냐고, 소리를 버럭버럭 지르며,
조절할 수 없는 분노에 빠져 어쩔 줄 모르며,
미친 사람처럼 한바탕 난리를 칩니다.

사랑하는 아내와 자식이 행복하기를 바라는 박씨는 마음과는 달리
치솟아 오르는 화를 조절할 수 없어 괴로워합니다.
시끄러운 것이 싫다는 아버지의 법이

살아 있는 가정

엄마를 울리고 자기를 불행하게 했습니다.
그러나 그것으로 끝나지 않았습니다.
그 법 때문에 경험한 억울함에 눌려,
오늘도 소리 지르면 안 된다는 법과 울면 불행하다는 법에 파묻혀,
아내와 자식을 괴롭히고 있습니다.
자기는 아버지처럼 살지 않겠다고 다짐했었는데,
아버지보다 더 못된 독재자가 되어 살아갑니다.

    법은 모든 사람의 행복을 위해 잘 세워져야 합니다. 법의 세계는 체계와 계급과 균형의 역동이 작동합니다. 법은 곧 힘입니다. 법이 움직이는 곳에는 체계가 세워지고, 체계가 있는 곳에는 계급이 형성됩니다. 조직이 원활하게 움직이고 사람들을 행복하게 살게 하기 위한 체계요, 계급이기에 힘의 균형은 필수 조건입니다.

    엄마가 마스터이면 엄마의 법이 가족을 움직이는 지배적인 법이 됩니다. 그 법은 곧 힘이기에 엄마는 가정에서 가장 힘센 사람입니다. 엄마는 권력 시스템을 이용하여 법을 선포하고 체계를 세웁니다. 누가 자기 편이며, 누가 반대 편인지 구별합니다. 누가 가장 순종을 잘 하는지, 누가 반항하는지 구별합니다. 누구를 어떻게 사용할 것인지, 누구를 왕따시킬 것인지 가려냅니다. 누구를 가까이 둘

것인지, 누구를 멀리 할 것인지 판단합니다. 사람들을 자기의 편리와 안정과 번영을 위해 적절하게 배치합니다.

체계가 잡히면 계급을 부여합니다. 누가 권력을 어떻게 행사할 것인가를 알려 줍니다. 엄마의 최고의 권력에 엉뚱한 깃발을 들지 않을 사람에게 권력을 나눠줍니다. 혹 권력을 잘못 사용하는 사람이 있다면 가차 없이 그 권력을 빼앗아 자기를 보호합니다. 한번 힘 있던 사람이 힘이 없어지면 너무 비참해진다는 사실을 알기에 힘을 나눠줄 때 굉장히 조심합니다. 그래서 가장 좋은 것은 독재입니다.

가정은 하위 조직으로 구성되어 있다

가정의 하위 조직은 외면상 드러난 가정의 구성 체계입니다. 부부 하위 조직, 자녀 하위조직, 조부모 하위 조직, 친척 하위 조직 등 가정에 따라 그 하위 조직이 단조로울 수도 있고 복합적일 수도 있습니나. 이제부터 가정을 표현할 때 아래의 기호를 사용하겠습니다.

1) ☐ 는 남자를 표시합니다.

○ 는 여자를 표시합니다.

□―○ 는 결혼했다는 표시입니다.

□―//―○ 는 이혼했다는 표시입니다.

□┄┄○ 는 동거한다는 표시입니다.

⊠―○ 는 사별했다는 표시입니다.

○┄□―○ 는 불륜이라는 표시입니다.

2) □―○ … 부모 하위 조직 (부부 하위 조직)
　　□ ○ ○ … 자녀 하위 조직 (형제 하위 조직)

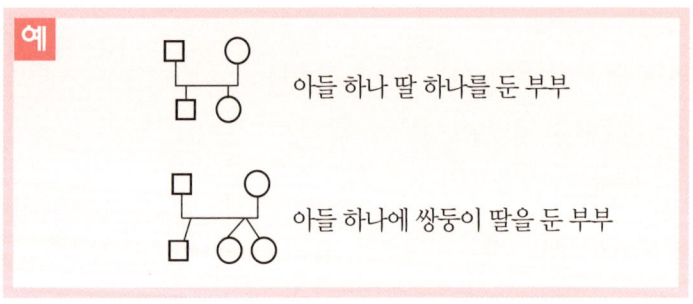

예

□―○　아들 하나 딸 하나를 둔 부부

□―○　아들 하나에 쌍둥이 딸을 둔 부부

    가정의 하위 조직은 드러난 가정의 구성 형태를 보여줍니다. 핵가족인지, 대가족인지, 친척들이 같이 살고 있는지, 조부모가 함께 사는지 등을 알려줍니다. 세대 간의 경계선을 보여 주고, 개인과 개인 사이에 있어야 하는 경계선을 확실히 나타내 줍니다.

    재미있는 사실은 드러난 하위 조직이 그 가정의 진정한 구성 조직이 아닐 수 있다는 것입니다. 드러난 하위 조직은 아무런 의미가 없을 때도 많습니다. 정말 중요한 것은 은밀히 작동하고 있는 관계 조직입니다. 이것을 살피면 부모가 자녀일 수도 있고, 자녀가 부모일 수도 있고, 아내가 엄마일 수도 있고, 딸이 첩일 수도 있는 관계 조직이 가정을 실질적으로 움직이는 관계 체계입니다.

손씨의 아내는 몸이 매우 약합니다.
조금만 움직여도 힘이 들어 졸도를 하고,
며칠씩 누워 있어야 합니다.
잠도 잘 자지 못하고, 머리는 항상 지끈거립니다.
조금만 신경을 쓰면 눈이 침침해지고,
소화를 시키지 못해 토하며, 설사를 합니다.
겨우 저녁 한 끼 차리는 것도 힘이 들어
밥만 지어놓곤 들어가 누워야 합니다.
그래서 인제부턴가 엄마는 일하면 안 되는 사람으로 통했고,
아픈 사람으로 대우받기 시작했습니다.
엄마는 그냥 아무것도 하지 말고 가만히 있어,
아프지만 않으면 도움이 되는 사람으로 취급되었습니다.

손씨 집의 큰딸은 허약한 엄마로 말미암아
엄마의 자리에서 동생들을 돌보며,
밥도 짓고, 청소도 하고,
가정의 사소한 일들을 처리해 나갔습니다.
아버지가 집에 들어오시면 저녁 시중부터 시작하여,
동생들의 이야기며,
가정의 대소사를 의논하는 사람이 되었습니다.
아버지도 두 아들들에게 누나의 말을 잘 들으라고 하시며,
누나의 말은 엄마의 말과 같다고 단단히 일러 놓았습니다.
큰딸은 아버지에겐 아내처럼, 동생들에겐 엄마처럼
그리고 자기의 엄마에게까지
더 큰 엄마노릇을 하며 생활했습니다.

나이가 들어 큰딸이 시집을 갔습니다.
시집을 가 자식을 낳고 살면서도,
큰딸의 머리에는 온통 두고 온 불쌍한 아버지와 아픈 엄마
그리고 안쓰러운 두 동생들 걱정으로 가득 차 있습니다.
정작 자기 남편이나 자식들은 걱정이 하나도 안 되는데,
두고 온 '남편'과 '큰딸'과 '두 아들'은
왜 그렇게 걱정이 되는지 모르겠습니다.

살아 있는 가정

하루에도 몇 번씩 친정으로 전화합니다.
"엄마, 밥은 먹었어? 아유, 좀 챙겨먹어.
그렇게 안 먹다가 더 큰 병이라도 나면 어떻게 하려고 그래?
냉장고에 밑반찬 해놓은 것 있으니까 꺼내서 먹어.
지금 당장 일어나서 먹어. 응?
나 좀 힘들지 않게 해줘. 엄마. 알았지?"

엄마 밥 챙기는 것 외에도,
아버지 저녁 식사며, 동생들 학비까지,
머리에는 온통 두고 온 친정 식구들의 걱정으로
꽉 차 있습니다.
결혼하기 전, 이미 아버지의 아내로,
동생들의 엄마로 살림을 차리고 살았던 큰딸은
어려서 힘들게 꾸려나갔던 가정이 가슴에 꽉 차 있습니다.

　원래 손씨의 가정은 다음과 같은 하위 조직으로 구성되어 있습니다. 하위 조직은 드러나 보이는 가족 구성조직이므로, 어렵지 않게 다음과 같은 그림으로 표현될 수 있습니다. 손씨 가정은 적어도 겉으로 드러난 모습만 보자면 부모의 조직과 자녀의 조직이 정상적으로 나뉘어져 있습니다.

살아 있는 가정

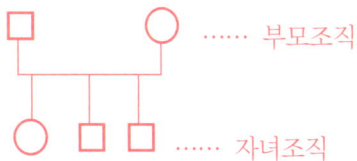

이렇게 드러난 하위 조직과 보이지 않는 관계 조직이 일치할 때 그 가정은 건강한 시스템이 작동되고 있는 것입니다. 가정 시스템은 드러난 부모의 조직이나 자녀의 조직이 그 구성 조직의 원칙대로 역할과 기능을 바꾸지 않고 관계할 때 건강하기 때문입니다. 만일 드러난 하위 조직의 구조가 은밀히 작동하는 관계 조직의 구조와 다르다면, 그 가정은 역기능적인 시스템이 작동하고 있다는 의미입니다. 다음은 손씨 가정의 은밀한 관계 조직입니다.

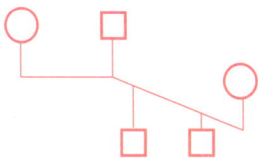

그 결과, 결혼 후 큰딸의 관계 조직은 나음과 같이 구성됩니다.

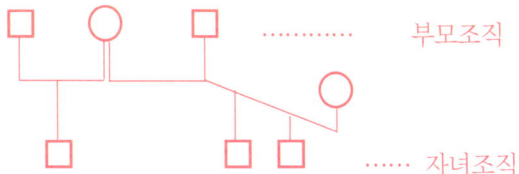

다음과 같은 하위 조직의 관계 구조는 큰딸이 두 집 살림을 하는 것과 마찬가지가 됩니다. 남편이 있는 여자가 정부를 얻어 살림을 차린 것과 같습니다. 친정아버지(본 남편)를 생각할 때마다 왠지 시집 온 것이 죄스럽고, 아픈 엄마와 동생 둘(자식들)을 생각할 때마다 마음이 아픕니다. 멀쩡한 자기 집(친정 집)을 놔두고 자기가 지금 왜 이 집(결혼한 새 가정)에서 이 고생을 하며 살아야 하는지 이해가 안 됩니다. 그래서 친정 집을 더욱 생각하게 되고, 남편이 이에 대해 불평하면, 괜히 억울하고 속상하고, 그런 남편이 너무 이기적이며 속 좁은 어린아이 같아 말상대가 안 된다고 생각합니다. 친정을 생각할 때마다 마음이 아프고 안쓰럽기만 합니다.

　다시 말하지만 드러난 하위 조직이 드러나지 않은 관계 조직과 동일한 가정이 건강합니다. 드러난 하위 조직보다 실질적으로 작동하는 관계 조직이 더 중요합니다. 은밀히 작동되는 보이지 않는 관계 조직이 가정 시스템을 가동시키는 직접적인 관계 체계이기 때문입니다. 한 가지 예를 더 들어보겠습니다.

정씨는 홀어머니 밑에서 자랐습니다.
그의 어머니는 일찍 남편을 잃고 외아들 하나만 바라보고
힘들게 살아오셨습니다.

살아 있는 가정

정말 안 먹고, 안 입고, 안 쓰고, 아끼고 또 아껴서,
생명과도 같은 귀한 아들을 위해서라면
필요한 모든 것을 다 채워 주려고 애썼습니다.
"후레자식"이란 말은 듣지 않게 하려고, 온 정성과 힘을 다해 키웠고,
남부럽지 않게 하려고 최선을 다했습니다.
그러면서 아들과 얼굴이 마주칠 때마다 이렇게 말했습니다.
"이 어미가 사는 이유가 뭔지 아니?
딱 한 가지뿐이다. 너! 내 귀한 아들! 네가 내 희망이다.
너 없으면 엄마는 벌써 죽었다. 벌써 죽었어.
엄만 너 때문에 산단다. 너 때문에 살아!"

사람들이 어머니에게 얼마나 외롭냐고 또는 얼마나
힘드냐고 물으면, 어머니는 한결같이 이렇게 대답했습니다.
"이 아들이 내 남편이고, 내 아들이고, 내 친구입니다.
아들을 남편 삼아 사는데, 힘들 게 뭐가 있습니까?
전 아무것도 부럽지 않습니다. 아들만 있으면 난 행복합니다."

어머니는 아들만 바라보고 살았고,
아들도 어머니의 희생과 사랑에 감격하며 살았습니다.
어머니와 아들이 서로 의지하며, 행복하게 살았습니다.

주위 사람들은 그 모습을 보면서
정말 보기 드물게 좋은 모자지간이라고 감탄을 했습니다.

홀어머니의 외동아들 하위 조직은 전형적인 교과서 사례입니다. 이 가정의 드러난 하위 조직은 다음과 같습니다.

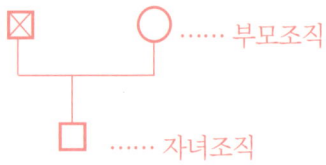

그러나 남편과 사별한 후, 아들을 남편 삼아 살아가는 가정 시스템의 관계 조직은 드러난 하위 조직의 구성과는 사뭇 다른 다음과 같습니다.

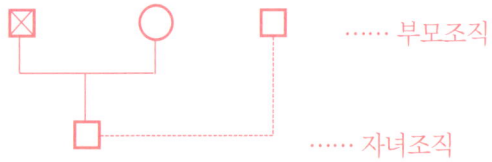

살아 있는 가정

아들이 점점 나이가 들어가면서 아들의 역할보다는 남편의 역할을 더욱 많이 감당하게 됩니다. 어머니는 젊었을 때 잃었던 남편이 다시 살아나기라도 한 듯, 점점 남편의 모습을 닮아 가는 아들을 볼 때마다 혼동이 됩니다. 마치 남편에게 식사를 대접하듯, 마치 남편의 옷을 빨 듯, 마치 남편과 가정의 대소사를 의논하듯, 마치 남편에게 고자질하듯, 아들을 대할 때 점점 더 남편을 대하듯 합니다. 아들로서의 역할보다 남편으로서의 역할이 더욱 강해지는 것이 세월의 결과입니다.

문제는 외아들이 나이가 들어 장가를 들게 되면서부터 시작됩니다. 홀어머니가 외아들과 살고 있을 때는 그 가정 시스템에 아무런 문제가 발생하지 않았습니다. 두 사람의 생존을 위한 자연적인 역할 변동이었으니, 누가 뭐라 하겠습니까? 그러나 생존을 위한 역할 변동이 오랜 연습을 통해 진짜 역할이 되어버리면 문제가 커집니다. 결혼한 후, 정작 한 아내의 남편이라는 자기의 진짜 역할을 감당해야 할 때, 이미 너무 익숙한 어머니의 남편이 되어 있기에, 관계의 큰 어려움을 낳습니다.

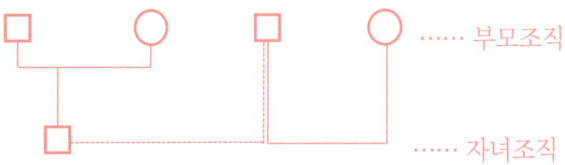

　위의 관계 조직이 나타내듯이, 아들에겐 이미 조강지처(어머니)가 있습니다. 그런데 결혼을 했으니, 아내가 아내의 자리를 차지할 수가 없습니다. 어머니는 아내로, 아내는 첩, 씨받이 또는 식모 등 그 역할이 변동되어 어려움을 겪습니다. 아들은 자기 아내의 남편 역할보다 어머니의 남편 역할에 더 익숙하고 또 충실합니다. 그래야 당연하다고 생각합니다.

'어머니가 나를 어떻게 키우셨는데…
내가 어머니에게 어떤 아들인데…
내가 장가를 들었다고 어머니를 모른 척하면 안 되지.
그런 배은망덕은 생각지도 말아야 해.
난 어머니에게 예전보다 더 좋은 아들이 될 거야!
절대 섭섭하게 해 드리지 않을 거야.
분명히 영숙이도 잘 도와줄 거야.'
아들은 다짐하고 또 다짐합니다.

살아 있는 가정

어머니를 섭섭하게 해드리고 어머니의 마음을 아프게 해드리는 것은 아들로서는 상상도 못할 일입니다. 영숙 씨와 결혼을 약속할 때부터, 결혼 조건으로 그는 이렇게 말했었습니다.

"영숙 씨가 나한테는 잘 못해도 괜찮아.
그런데 우리 어머니한테는 정말 잘해 드려야 해.
우리 어머니 날 키우시느라고 너무 고생이 많으셨거든.
영숙 씨가 어머니한테 신경을 많이 써 줬으면 해.
우리 어머니 참 불쌍한 분이셔.
지금까지 나 하나만 보고 살아오셨거든.
내가 어머니의 유일한 낙이야! 유일한 낙!"

영숙 씨는 사랑하는 사람의 이런 착한 모습에 감동했습니다.
요즘 세상에도 이런 효자가 있다는 것이 너무 귀해 보였습니다.
"그럼요. 잘 해드려야죠.
그런 어머니가 세상에 어디 계셔요?
제가 힘 닿는 데까지 정성을 다해 잘해 드릴 게요.
염려 마세요."

이것은 영숙 씨의 진심이었습니다.

그래서 결혼을 결정하였습니다.

문제는 결혼 후였습니다. 자기가 결혼한 남편은 온데간데없고,

어머니의 아들만 존재하는 것 아닙니까.

뭐든지 어머니고, 언제든지 어머니입니다.

 남편이 도착하면 어머니가 문에서 맞아주고,

식사를 해도 남편과 둘만 마주앉아 드시고,

남편이 목욕을 해도 손수 수건을 들고 시중을 드십니다.

일어나면서부터 잠자리에 들 때까지,

어머니의 손길이 끊일 때가 없습니다.

어머니와는 미주알고주알 그렇게 오랜 시간동안 대화를 하면서도,

정작 아내와 마주 앉으면 할 말이 없다며 어색해하기까지 합니다.

남편과 어머니 사이에 아내 영숙 씨는 들어갈 틈을 찾지 못합니다.

아내의 자리를 도저히 차지할 수가 없습니다.

결혼하여 한 번도 아내가 되어보지 못한 영숙 씨는

남편을 빼앗아간 어머니가 너무 밉습니다.

뭐든지 어머니만 생각하는 남편에게 너무 섭섭한 마음이 듭니다.

그러니 어찌 잘해 드릴 수 있겠습니까?

남편은 남편대로 전과는 달리 너무 무뚝뚝하고

항상 불평이 가득한 아내가 못마땅합니다.

살아 있는 가정

어머니를 문제삼는 아내를 이해할 수 없습니다.

이렇게 천사 같은 어머니가 어디 있다고, 그분을 불편해합니까?

어머니를 나쁘다고 생각하는 아내가 너무 원망스럽고 싫습니다.

결혼을 잘못했다는 생각까지 듭니다. 속았다는 느낌마저 있습니다.

너무 안타까운 것은 영숙 씨도 일찍이 남편을 잃고,

아들만 바라보고 사는 홀어머니가 되어 살아간다는 것입니다.

역사는 반복합니다.

　　다음 그림을 참고하여 보이지는 않지만 실질적으로 가정을 움직이는 은밀한 관계 조직을 찾아보십시오.

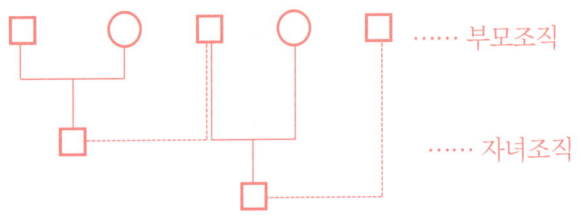

각 가족에게는 주어진 역할이 있다

　　마스터는 가치 시스템을 작동시켜 집안의 법을 세웁니다. 옳고 그름의 기준을 정하고, 해야 할 일과 하지 말아야 할 일을 알려 줍니다. 가정을 위해 용납되는 행동이 무엇이고, 용납되지 않는 행동이 무엇인지 그 기준을 통보합니다. 그 기준을 통해 가정에서 허락된 감정 표현과 그 폭을 알려 주고, 허락되지 않은 감정 표현은 스스로 삼가야 할 것을 은밀히 요구합니다. 권력 시스템을 통해 힘을 분배하므로 체계를 굳히고, 은밀히 움직이는 관계 조직을 형성하여 누가 무슨 역할을 감당할 것인지를 결정합니다. 역할 분배를 통해 가정은 비로소 조직 강화 작업이 왕성히 일어나고, 시스템은 전적으로 가동됩니다.

마스터의 가치 시스템에 따라 가정 시스템의 법이 정해지면, 드러난 하위 조직에 상관없이 은밀하게 작동하는 관계 조직을 가동시킵니다. 그때 하위 조직에 연결된 가족들에게 시스템이 필요로 하는 역할을 부여합니다. 역할은 그에 따른 기능과 연결이 되어 있습니다. 아버지 역할은 아버지의 기능을 발휘해야 건강하고, 어머니의 역할은 어머니의 기능을 발휘해야 건강합니다. 만약 드러난 역할은 아버지인데 숨겨진 기능은 아들이라면 심각한 문제가 발생합니다. 또는 드러난 역할은 아버지인데, 은밀한 관계 조직에서 부여한 역할은 아들이라면, 가정 시스템은 역기능적으로 작동되고 많은 아픔과 상처를 남깁니다.

마스터의 이야기는 굉장히 중요합니다. 어떤 이야기를 가지고 마스터가 됐느냐가 그 가정의 시스템을 결정하는 가장 중요한 요인이기 때문입니다. 그 이야기가 가정 시스템을 작동시키고 그 시스템을 작동시키기 위해 가족들에게 역할을 분배합니다.

송씨는 무능력한 아버지 밑에서 자랐습니다.
아버지는 하는 일마다 실패하여
가정살림을 완전히 바닥 이하로 내려앉게 하신 분입니다.
가만히, 정말 가만히,
아무것도 하지 않는 것이 도움이 될 정도로,
아버지는 일만 하셨다 하면 문제가 되었고,
가정은 매번 경제적인 타격을 받아
점점 더 어렵게 되었습니다.
워낙 마음이 착하고, 사람을 좋아하시고,
비현실적이며, 허풍이 심한 아버지였는지라,
같이 일하는 사람들에게 매번 당하기만 하였습니다.
결과적으로 점점 더 가족들에게 인정받지 못하게 되자,
아버지는 매번 가족 모르게 일을 저지르셨고,
가족들은 일이 터진 후에야 알게 되어,
황당한 꼴을 한두 번 당한 것이 아니었습니다.

살아 있는 가정

한마디로 아버지는 가족들을 고생시키는
애물단지였습니다.

송씨는 강한 여자가 되지 않으면 안 되었던 어머니를 도와
아버지 같은 어머니의 아내 역할을 감당하며 자랐습니다.
엄마가 밖에 나가 일해서 돈을 벌어오는 동안,
장녀 송씨는 동생들을 돌보았고,
빈둥빈둥 집에서 하는 일 없이 노는 아버지를 챙겼습니다.
학비도 제대로 못내
매일 학교 가는 것이 걱정이었던 동생들이 너무 불쌍해,
중학교 때부터 온갖 잡일을 마다하지 않으며
푼돈이라도 벌었습니다.

송씨는 아버지만 쳐다보면 속에서
화가 치밀어 올랐습니다.
'아버지만 없다면… 아예 저런 아버지가 없다면…
저런 아버지만 없었다면 우리는…'
이런 생각을 하면서 송씨는 나이를 먹어갔습니다.

송씨는 한씨와 결혼할 때 다른 것은 보지 않았습니다.

성실한가, 현실적인가, 생활력이 있는가,
자기 것을 챙길 줄 아는가, 똑똑한가 등등.
이 모든 조건을 보면서 단 한 가지만 생각했습니다.
'아버지같이 가족을 고생시킬 사람인가, 아닌가.'
송씨는 한씨의 야무지고, 극히 현실적이고,
똑똑하고, 성실한 면이 너무 좋았습니다.
그는 연애를 하면서도 자기 것과 송씨의 것을
분명하게 선 그을 줄 알았습니다.
때로는 너무 황당할 정도로 선이 분명하여
사뭇 놀라기도 했습니다.
그러나 그런 면이 너무 좋아 한씨와 결혼을 했습니다.
'아버지처럼 무능력하여 가족을 고생시키지는 않겠구나!'

송씨는 결혼하면서부터 한씨에게 역할을 부여하였습니다.
보이는 것은 남편이지만,
그의 역할은 '가족을 고생시키지 않아야 하는 사람'입니다.
그 기능을 만족시키지 못하면,
한씨는 절대 송씨로부터 대접받지 못할 것이라고
이미 관계적 결론이 내려져 있었습니다.

살아 있는 가정

한씨는 성실한 사람이었습니다. 그의 아버지도 성실했고,
그의 어머니도 성실한 사람이었습니다.
한씨의 가정은 누구에게도 해를 끼치지 않을 뿐더러,
누구의 도움도 받지 않는 그런 가정이었습니다.
아버지나 어머니 두 분 다 친구도 없으셨고,
그렇다고 두 분이 친한 것도 아니었습니다.
각자 자기가 해야 할 일을 하고,
자기 것은 자기가 챙기고,
자기가 필요한 것은 스스로 알아서 채워야 하는
그런 가정이었습니다.
엄마가 때 맞춰 밥을 챙겨 주지 않았고,
아버지가 숙제 한 번 봐주지도 않았습니다.
가족끼리 어딜 놀러가도 서로 너무 서먹하여
안 가는 것만 못했습니다.
가족끼리 다정한 말 한마디 건네지 않았고,
부모님과 눈길 한 번 마주쳐보지 않았습니다.
각자 문제를 일으키지 않으면
잘살고 있는 것으로 간주되는 그런 집이었습니다.

한씨는 송씨를 만난 것이 너무 좋았습니다.

어떻게 그렇게 사람을 챙겨줄 수 있습니까?
밥 먹었냐? 춥지 않으냐? 어디 아프냐?
기분이 좋은 것 같다. 왜 얼굴색이 안 좋으냐? 등…
자기에게 그토록 정성어린 관심을 보인 사람은
이 세상에 한 사람도 없었습니다.
한씨는 자기가 너무 큰 사랑을 받고 있다고 확신했고,
그래서 결혼했습니다.
그런데 문제는 그때부터 시작되었습니다.

송씨는 한씨가 아프거나 힘들어하는
꼴을 볼 수가 없었습니다.
혹 그러다가 일을 못해 가정을 꾸려나가지 못할까 봐
걱정이 앞섰습니다.
그래서 남편이 힘들다는 말을 할 때마다,
연약한 모습을 보일 때마다,
어리광을 부리고 아들처럼 굴 때마다,
속이 있는 대로 상해 화가 치밀어 올랐습니다.
"뭐가 힘들어? 사는 게 다 그렇지.
그 정도 가지고 힘들다고 하면
이 험악한 세상을 어떻게 살아나가?"

살아 있는 가정

혹시나 관심을 보이면 약해질까 봐,

혹시나 사랑해 주면 약해질까 봐,

송씨는 남편 한씨에게 강할 것을 요구하고,

일할 것만 요구했습니다.

될 수 있으면 그의 마음을 읽어 주지 않으려고 노력했습니다.

한씨는 아내 송씨가 자기가 하는 일보다

자기에게 관심을 쏟아주기를 너무 원했습니다.

일은 당연히 잘할 자신이 있었습니다.

지금까지 그렇게 살아왔기 때문입니다.

안 그러면 생존할 수 없다는 것을 너무 잘 압니다.

한씨가 원하는 것은 자기에 대한 관심입니다.

밥은 먹었는지, 아프지는 않은지,

일은 힘들지 않은지, 속상한 일은 없는지 등등…

자기에게 관심을 가져 주기를 그렇게 원하는데,

그럴 때마다 돌아오는 것은 핀잔과 비판과

비아냥과 불평과 원망과 욕입니다.

한씨는 아내 송씨가 너무 밉고 싫었습니다.

자기 엄마보다도 더 냉정한 여자인 것이 치가 떨렸습니다.

한씨는 아내 송씨에게 세상이 말하는 좋은 엄마처럼,

내가 뭘 잘하든지 못 하든 관계없이
'나에게 무조건적으로 관심을 가져 주고 사랑해 주는 엄마' 라는
역할을 부여하였습니다.
그렇지 않으면 '넌 내게 대접받지 못해.
내가 번 돈도 네게 줄 수 없어!' 라는
은밀한 계약이 이미 세워져 있었습니다.
서로가 서로에게 은밀히 부여한 관계적 역할이
제대로 이루어지지 않으면 문제는 대두되고,
관계는 은밀한 가운데 점점 더 어려움을 겪게 되는 것입니다.

역할은 마스터의 이야기에 의해 부여되고, 그 기능이 만족되어야만 시스템이 원활히 작동됩니다. 그러나 자기도 알지 못하는 역할이 이미 부여되어 있다는 사실조차 모르는 채, 각자는 풀리지 않는 관계로 인해 마음이 상하고 괴로워하며, 결국 이혼밖에는 그 꼬인 관계를 풀 수가 없다고 결정합니다. 그래서 이혼합니다. 상처 난 가슴과, 더 큰 아픔을 마음에 심은 채….

하위 조직의 드러난 역할과 기능은 은밀한 관계 조직의 역할과 그 기능과 동일해야 합니다. 그러면 그 가정 시스템은 건강하다고 말합니다. 당신의 가정을 한번 돌아보십시오. 드러난 역할과 은밀

한 역할이 동일합니까? 한 사람이 몇 개의 역할을 감당하고 있지는 않습니까? 그 기능들이 잘 가동되고 있습니까? 잠시 시간을 내어 한번 점검(check up)해 보십시오.

가족들은 독특한 방법으로 대화한다

가정마다 대화하는 방법이 독특합니다. 고함을 지르면서 싸우는 듯 대화하는 가정이 있는가 하면, 아무 소리도 내지 않고 몸짓으로 대화하는 가정도 있습니다. 사무적이며 꼭 필요한 말 외에는 대화하지 않는 가정도 있고, 시시콜콜 할 말과 하지 말아야 할 말을 가리지 않아 말의 홍수를 겪는 가정도 있습니다. 직설적이고 거친 언어를 사용하여, 대화만 했다 하면 상처를 주고받는 가정이 있는가 하면, 간접적인 언어 사용으로 서로가 무슨 말을 하는지 몰라 눈치만 늘어가는 가정도 있습니다.

한 가정의 대화 체계는 독특한 관계 체계입니다. 대화 체계로서 은밀하게 정해진 관계 체계를 더욱 확고하게 합니다. 아무리 아버지가 존경을 받고자 해도 아내와 자녀들이 대화 가운데 그 존경을 표현하지 않으면 소용이 없습니다. 마음에 들지 않고 존경스럽지 않은 아버지를 (그 아버지가 마스터라 하더라도) 실격시킬 수 있는 다른 방법은 없습니다. '아버지는 우리 가족의 존경의 대상이 아닙니다' 라는 내용을 겉으로 드러나게 표현하지는 못하지만, 여러 가지 대화의 방법을 사용하여 그 사실을 전달합니다. 관계 조직이 은밀하게 요구하는 내용이 '아버지인 나를 존경하라' 이지만, 그 요구는 대화라는 반응을 통해서만 실격시킬 수 있습니다.

유씨는 요사이 가족들에게 왕따 당한다는 생각을 떨칠 수가 없습니다.
아들은 지애미를 닮아 원래 말이 없었으니,
알콩달콩 재미있게 대화가 되지 않는다 치더라도,
그동안 말동무가 되어 주던 딸년까지 자기를 유령 보듯
못 본 체하고 있으니,
유씨의 마음은 심히 아프고 괴로워 견딜 수가 없습니다.
정말 죽고 싶은 심정이라는 것이 이런 것이구나 할 정도로
몹시 불쾌하고 힘이 듭니다.
그래도 이렇게 가만히 당하고만 있어서는 안 되겠다 싶어
아무 말이나 해서라도 대화를 터 보려고 딸아이한테 다가가 봅니다.
특별한 주제가 있는 것이 아니니, 뭐라도 건수를 잡아 말을 건네면,
아주 잠시 경멸하는 눈으로 빤히 쳐다보다가,
극히 짧은 "예"나 "아니오"로 잘라 대답을 합니다.

대화를 해 보려고 하면 할수록 점점 더 딸아이가 무섭고 두려워져서,
이제는 딸에게도 쉽게 다가갈 수가 없습니다.

유씨는 자기가 어쩌다 이 꼴이 됐는지 도저히 이해가 되지 않습니다.
가족을 위해 열심히 일했고, 성실하게 살아왔습니다.
자기가 왜 이런 대접을 받아야 하며,
왜 이렇게 살아야 하는지 이해가 되지 않습니다.
속이 상해서 술만 먹고… 술을 먹으면 마음이 상해 있으니 주정하고…
엎친 데 덮친 격으로 가족들에게 아버지의 이미지는
더욱 악화되어 갔습니다.
하늘이 무너지는 것 같다더니 이를 두고 한 말임에 틀림없습니다.
희망도 없고 살 의미도 없어져, 인생이 다 끝난 것만 같이 느껴집니다.

아내에게 다가가 보려고 눈치를 보면,
너무 오랫동안 각자 살아온 지라,
아내 옆에는 남편을 위해 빈자리가 남아 있지 않습니다.
아들이, 딸이, 이웃의 이씨 아주머니가, 최씨 친구가,
초등학교 동창들이,
교회의 목사님이, 구역 식구들이 그리고 가사 일까지
빈틈없이 빼곡히 들어 앉아 있어

살아 있는 가정

남편 유씨는 아내 곁으로 비집고 들어갈 자리를 찾지 못합니다.

그래서 오늘도 자기 몸 아픈 것을 빌미로 삼아
온 가족에게 호소합니다.
머리가 아프고, 소화가 안 되고, 팔 다리가 쑤시고, 목이 뻣뻣하고…
죽을 것 같으니 쉬어야겠고, 몸이 허약하니 몸보신을 해야겠으며,
이 의사가 명의고, 저 약이 보약이며, 이 음식이 몸에 좋고,
저 운동을 해야 한다며,
가족들의 시선을 끌고, 관심을 모으고, 자기를 사랑해 달라고
애걸을 합니다.

유씨 아내나 그의 아들과 딸은 평생 자기밖에 모르고 살아온
아버지가 밉습니다.
뭐든지 좋은 것은 자기만 먹고, 어디든지 좋은 곳은 자기만 갑니다.
뭐가 그리 허약한지, 뭐가 그리 아픈지…
시도 때도 없이 아픈 것을 핑계 삼아 온 가족을 못살게 구는
아버지에게 질렸습니다.
자기밖에 모르고, 자기만 위하고, 자기 몸 아끼기에 급급한 아버지가
너무 밉고 싫습니다.
엄마를 위해서는 보약 한 재 지어 주지 않으면서,

변화무쌍한 아들을 위해 비타민 한 통 사줄 줄 모르면서,
성장하는 딸에게 예쁜 핀 하나 사줄 줄 모르면서,
좋다는 것은 하나도 빠짐없이 다 가지고, 먹고, 해야 하는 아버지를
더 이상 가정의 가장으로, 아버지로 대접하지 않기로
무언의 결정을 본 것입니다.
그렇게 하기로 따로 말한 것은 아니지만,
서로 암묵적으로 알아들었고,
역시 아버지에게 한마디 하지 않았지만, 아버지는 알아 들으셨습니다.
아무도 이에 대해 말하지 않는데도 말입니다.
말하면 서로 곤란해지니까. 비밀은 지켜져야 하니까.
혹 아버지가 눈치 채고 물어 보면?
치, 아니라고 딱 잡아떼면 되지, 뭐!

    대화라는 매개체를 통해 역할을 실격시키는 일이 일어날 때, 관계에 갈등이 발생하고, 문제가 대두됩니다. 아버지는 이 사실을 감지하고 화가 나서 분노하며, 짜증이 심해지고, 심지어는 폭력을 행사하는 분이 될 수도 있습니다. 그러면 그럴수록 더욱 아내와 자녀들은 '당신은 점점 더 존경할 수 없는 대상입니다'를 간접적인 방법으로 더욱 강하게 전달합니다. 직접적인 대화를 사용하면 어떤 화가 닥칠지 모르기 때문에, 또 그 화를 직접 당하고 싶지 않기에

간접적인 대화 방법을 사용합니다. 문제는 그 간접적인 대화 속에 강하게 흐르는 내용을 아버지가 확실히 간파한다는 것입니다. 그래서 아버지는 더욱 화가 나, 더 폭력적인 사람이 되어 가는 것이지요. 그러면 관계는 고질적이며 병적으로 작동됩니다.

대화가 관계를 결정합니다. 마스터가 일방적으로 부여한 역할에 대해 동의하고 또 이에 동참한다는 여부를 대화를 통해 전달합니다. 때로는 동의하지 않고 참여하고 싶지 않다는 것도 대화를 통해 알립니다. 마스터를 대적할 수 있는 유일한 방법이 대화이기 때문입니다. 그래서 대화가 관계를 결정합니다. 대화로 갈등을 야기하고, 대화로 문제를 대두시키고, 대화로 관계를 결정해 나갑니다.

가족간에는 관계 거리가 정해져 있다

마스터의 이야기가 가족들 간의 관계 거리를 정합니다. 관계 거리란 가족 간의 존재하는 친밀감의 거리입니다. 관계 거리는 크게 가까운 관계 거리와 먼 관계 거리로 나닙니다.

가까운 관계 거리는 친밀감이 높고, 대화의 양이 많고, 표현 방법이 매우 적극적이며, 스킨십이 짙고, 정이 많고, 눈을 마주치며, 부끄러움과 비밀이 많지 않은 관계를 의미합니다. 감정의 교류가 풍부하여 서로의 감정이 잘 전달됩니다. 반면에 한 사람의 감정 전염력 또한 대단하여, 분별력이 때 맞춰 발휘되지 못하는 경우도 많습니다.

  가까운 관계 거리는 서로가 서로를 참견하는 내용도 다양하고 빈도가 높습니다. 서로가 서로에 대해 모든 것을 다 알아야 하고, 서로에 대해 간섭하고 참견하는 것을 당연하다고 생각합니다. 때론 서로에게 있어야 하는 적당한 거리가 없어 관계에 쉼이 없고, 이로 인해 매우 불편할 수도 있습니다. 조그마한 사건도 크게 부풀리는 경향이 있습니다. 서로 너무 가깝다보니, 잘 보이지 않아 분별력이 필요할 때 방해가 되는 경우도 자주 일어납니다.

  반면 먼 관계 거리는 친밀감이 낮아 서로 매일 만나면서도 매순간 어색합니다. 대화의 양이 적고 내용도 한정되어 있어 대화를 시작했다가도 할 말이 없어 금세 어색해집니다. 될 수 있으면 스킨십을 하지 않으며, 서로에게 정감 어린 말이나 행동은 남우세스러워 못합니다. 서로 간 부끄러움과 쑥스러움도 많고, 될 수 있으면 불편함이나 괴로움이나, 상처나 아픔까지도 스스로 해결하는 방향으로 작동합니다. 또 서로 비밀이 많아 각자 알아서 살아가는 것이 가장 편안합니다. 알게 되면 괜히 불편해지고, 시끄러워지고, 일이 커지고, 복잡해져 서로에게 도움이 되지도 못합니다. 먼 관계 거리의 사람들은 관계 속에서 있으면서도 서로 외로워하고, 힘들어합니다. 그러면서도 절대 가까이 다가가지는 않습니다.

가까운 관계 거리의 사람들은 서로 간의 몸의 거리가 가깝습니다. 앉을 때나 걸을 때, 말을 할 때나 밥을 먹을 때, 언제 어디서 누구와 어떤 관계로 만나든지, 대부분의 경우 몸과 몸의 거리가 가깝습니다.

그러나 먼 관계 거리의 사람들은 서로 간의 몸의 거리도 멉니다. 앉을 때나 걸을 때나 밥을 먹을 때나 말을 할 때나, 몸과 몸이 적정 간격을 유지해야 편안합니다. 너무 바짝 다가오면 그 자체가 불편하여 대화도 제대로 못하고 도망가기 바쁩니다.

관계 거리는 그 가정의 감정 시스템과 직접적으로 연관되어 있습니다. 감정적 교류와 거리가 관계 거리를 결정합니다. 어떤 감정이 허락된 감정인지, 어떤 감정은 허락되지 않았는지, 허락된 감정은 얼마만큼 표현할 수 있는지, 허락되지 않은 감정은 어떤 방법으로 표현해야 하는지… 이 모든 것이 가족 간의 관계 거리를 조정합니다.

예를 들어 어떤 가정은 감정을 그대로 표현하는 것이 서로에게 너무 불편하여 몸이 아프다는 말로 표현합니다. 슬프다, 괴롭다, 마음이 아프다는 말은 서로가 너무 불편해지므로 표현할 수 없지만, 머리가 아프다, 배가 아프다, 허리가 아프다, 등골이 쑤신다는 말은 걱정도 해 주고, 머리에 손도 얹어 보기도 하기에, 모든 감정적 불편함을 몸의 아픔으로 표현할 수밖에 없습니다. 몸이 아프다는 하소연은 가족 간의 거리도 좁혀 주기에, 그것을 애용할 수밖에 없습니다. 가족 간의 감정적 거리가 멀면, 자연히 관계 거리도 멉니다.

가정은 항상 예식을 치른다

모든 가정은 예식을 치릅니다. 일어나면서부터 잠들 때까지, 1월부터 12월까지, 태어나면서부터 죽을 때까지 상황과 사건과 환경에 따라 개인적으로 또는 집단적으로 필요한 예식을 치르며 삽니다.

태어나서 무사히 백 일을 지냈다고, 친척과 친구들을 불러다가 백일잔치를 해 줍니다. 또 해마다 생일날 생일 예식을 치러 주고, 졸업 예식도 치러 주고, 수료식, 결혼 예식, 결혼기념 예식도 치릅니다. 기상할 때마다, 식사 때마다, 취침할 때마다, 크건 작건 예식을 치릅니다.

　가족 한 사람을 위해 또는 온 가족을 위해 때에 맞게 치르는 적절한 예식은 그 가정을 건강하게 합니다. 그래서 "예식이 건강하면 가족이 건강하다"라는 말도 있습니다. 가정의 건강을 위해 예식이 얼마나 중요한가를 가리키는 말입니다.

　생일날인데, 생일 예식이 치러지지 않는다든지, 졸업을 했는데 아무도 축하해 주지 않는다든지, 상을 받아왔는데 오히려 야단을 맞는다면, 예식의 부재와 부적절한 예식 때문에 가족은 병들게 되어 있습니다. 예식 자체는 별 것 아니지만, 가정의 건강에 매우 중요한 역할을 하는 것입니다.

　예식은 온 가족을 모을 수 있는 중요한 관계 응집점입니다. 설이나 추석 그리고 크리스마스는 온 가족이 한자리에 모이는 중요한 계기입니다. 그러므로 때에 맞는 예식이 치러져야 합니다. 그러나 때에 맞고 사람에게 맞는 적절한 예식이 치러지지 않으면, 가족들의 마음은 상처를 입고 아파합니다. 그럼 더욱 불편하게 되어 예식 치르기를 꺼립니다. 안 만나면 상처받지 않고, 안 만나면 아프지 않다는 공식으로 살게 됩니다. 그 결과 그 가족은 분해되고, 거리는 더욱 멀어집니다.

한 가지 기억해야 할 중요한 사실은 만날 때마다 병적인 예식을 치르는 가정도 있다는 것입니다. 예식 자체가 병적이라 예식을 치르면 가족이 점점 더 병들어만 갑니다. 그런데도 그 예식을 고치지 못하고, 버리지 못합니다. 병적 예식의 노예가 되어, 병든 가족들은 힘을 발휘하지 못하고 억눌려 살아갑니다. 고질적 악순환이 지속될 뿐입니다.

최씨는 구정 때면 시골에 계신 어머니 집에 내려갑니다.
최씨를 기르시느라 애쓰신 어머니를
일 년에 한 번이라도 뵈어야 하겠기에 시골에 내려갑니다.
그러나 최씨는 어머니 집에 내려갈 때마다 마음이 힘듭니다. 하나도 기쁘지 않습니다.
부담스럽고 불편합니다.
꼭 도살장에 끌려가는 송아지처럼 내려갑니다.

가면, 아들이 와서 기쁘다며
아버지는 또 술을 먹고 주정하실 것이고,
그 꼴이 너무 싫어 더 이상 못살겠다며 가슴을 쥐어뜯고,
얼굴에 온갖 슬픔을 머금고 괴로워하실 어머니가
눈에 선하기에 내려가는 것이 고역입니다.

죄인처럼 앉아 밤새 고개를 끄떡이며
어머니의 구슬픈 사연을 들어야 하는 것도 너무 싫고,
이제 금방 죽을 것 같은 절망적인 얼굴로
아들의 이름을 부르며
"너 하나 보고 살았는데…
너 하나 보고 이제껏 살았는데…
이제 가면 언제 또 오겠노,
이제 가면 언제 또 오겠노" 하며
우시는 어머니를 떼어놓고 서울로 올라온다는 것이
매번 너무 힘이 듭니다.
정말 해가 넘어갈 때마다 걱정과 근심이 최씨를 사로잡습니다.
'또 시골에 내려가야 하는데,
또 똑 같은 상황일 텐데… 또 똑같은 이야기를 들어야 할 텐데…
아, 지겹다. 아, 정말 싫다.'

   병적인 예식은 가족을 병들게 합니다. 틀린 것을 알면서도 고칠 수 없고, 병적인 줄 알면서도 버릴 수 없는 예식은 가족을 말려 죽이는 일입니다.
   예식은 안정, 불안, 기쁨, 혼동, 슬픔, 분노, 행복, 불행, 신뢰, 배신, 반항 등 가정의 모든 감정적 역동이 한꺼번에 드러나는 중요한

살아 있는 가정

순간입니다. 예식을 치르는 것은 마스터의 이야기를 재확인하고 강조하는 것이기에 온 가족들의 많은 에너지를 소모시킵니다. 예식이 치러질 때마다 그에 비례한 스트레스가 쌓이고 있다면, 그 예식은 건강한 것이 아닙니다. 예식을 치르고 후유증이 있다면 그 예식은 병들어 있습니다. 고치든지 버리든지 둘 중 하나를 선택해야 가족이 살 수 있습니다.

항상성(homeostasis)의 법칙

가정은 시스템입니다. 시스템이 한번 작동하려면, 엄청난 시간과 힘과 수고를 투자해야만 가능합니다. 그래서 시스템은 변화를 싫어합니다. 시스템은 자기의 상태를 '안정되게' 유지하기를 원합니다. 그 시스템이 원활하게 작동되기까지는 많은 어려움을 겪지만, 일단 작동되면 안정을 유지하려는 것이 모든 시스템의 근성입니다. 관성의 법칙도 작동이 되고, 또 많은 부분이 습관적으로 움직이기 때문에 작동은 더없이 쉬워집니다. 그러면 시스템의 항상성이 이루어집니다. 시스템이 안정된 궤도에 들어갑니다. 그리고 그 안정을 잃고 싶지 않아 애쓰고 수고합니다. 시스템은 스스로의 안정을 유지하기 위해 모든 에너지를 소비합니다.

가정 시스템 안에는 안정되고자 하는 질서가 작동하고 있습니다. 어떤 변화이든 변화는 값을 치러야 하기 때문에 힘이 듭니다. 그래서 가정은 변화하지 않으려고 노력합니다. 항상 해왔던 것, 습관이 된 것, 숙달된 것을 좋아합니다. 힘들고 괴로워도 이미 알고 있는 것이 새로운 것을 배우는 것보다 더 편합니다. 그래서 새로운 것을 배우려고 시도하지 않습니다. 가정은 변하지 않으려고 노력합니다.

어느덧 가정 시스템은 훈련된 '조직'같이 되어, 오야붕과 그의 이야기를 위해 온 조직이 혼신을 다해 움직입니다. 그 이야기가 유익한 것이 아닐지라도, 말이 되지 않는다고 할지라도 말입니다. 몸을 담았으니, 충성하든지 죽어 나가든지 둘 중 하나입니다.

엔트로피(Entropy) 법칙

모든 것이 안정권에 들어가고 변화가 어려워지면 자연히 엔트로피 법칙이 작동됩니다. 엔트로피 법칙이란 "가만히 있는 모든 것의 에너지는 감소한다"는 법칙입니다. 잠자려고 누우면 잠이 드는 순간, 에너지가 감소합니다. 체온은 떨어지고, 혈압도 낮아집니다. 마치 열심히 운동을 하다가 앉아서 쉬면 에너지가 감소되는 것과 같습니다. 가만히 있는 모든 것의 에너지는 감소합니다.

뿐만 아니라, 가만히 있는 모든 것은 부패합니다. 세월이 흐르므로 썩게 되어 있습니다. 집도 쓰지 않고 가만히 내버려 두면 썩고, 바위도 풍화작용으로 부패합니다. 인간도 가만히 놔두면 세월이 저절로 썩게 합니다. 세월이 흐르면 썩지 않는 것은 없습니다. 가만히 있는 것은 더욱 잘 썩습니다. 사람도 변화하려고 애쓰지 않고, 성장하려고 배우지 않으며, 성숙을 위해 수고하지 않으면 자연적으로 썩습니다. 사람이 그러니 가정은 두말 할 것도 없습니다. 변화하지 않으면 썩습니다.

엔트로피 법칙은 정보도 변질됨을 의미합니다. 진리이신 하나님의 말씀 외의 다른 말들은 다 변질됩니다. 정보는 완벽한 것이 없습니다. 진리가 아니기에 그 말들은 때와 상황에 따라 변화할 수 있습니다. 세상의 어떤 정보도 완벽한 것이 없어, 영원불변이라는 형용사를 붙일 수 있는 정보가 없습니다. 사람에 따라, 상황에 따라, 때에 따라 그 정보는 변질됩니다.

형편이 어려운 집에서 자란 사람이 성공하면 참으로 훌륭하다고 칭찬을 합니다. 손색이 없는 사람이라고 추켜올립니다. 그러나 자기에게 유익이 되지 않으면 벌컥벌컥 물을 들이키는 그 사람을 일컬어 못 먹고 자라 물도 저렇게 허겁지겁 마신다고 말합니다.

정보는 변질됩니다. 세월이 변질시키기도 하지만 대부분의 경우, 정보를 전하는 자가 자기에게 유익하도록 정보를 변질시킵니다. 정보도 사람도 변질됩니다. 성품도 변질되고, 인격도 변질되고, 성격도 변질되고, 기질도 변질됩니다. 기질을 그대로 간직하고 있는 사람은 없습니다. 기질도 환경에 의해 변질되기 때문입니다. 성격도 때와 상황에 따라 변질되고, 세월 속에 인격도 손상됩니다. 변질되지 않는 사람은 세상에 없습니다.

영성도 변질되지요. 하나님을 믿는다고 하면서 매일 새롭게 하나님의 말씀으로 살기를 게을리하면 아무리 순수하고 깨끗한 영성을 가졌다 할지라도 변질됩니다. 하나님을 의지하고 그분만 바라보는 것을 잊어도 영성이 변질됩니다. 공로가 생겨도 변질되고, 권리를 주장해도 변질됩니다. 상처를 받아도 변질되고, 조급해져도 변질됩니다. 세상에 있는 것 중 진리인 하나님의 말씀 외에 변질되지 않는 것은 없습니다.

가정이 건강하려면 매순간 변화해야 합니다. 변화를 위해서는 배우고 연습하여 항상 성장해야 합니다. 매순간 훈련하여 지속적으로 성숙의 자리에 나아가야 합니다. 그렇지 않으면 가정도 변질됩니다. 스스로 변화를 시도하지 않고 가만히 있는 것은 변질되게 되어 있습니다. 변질되는 모든 것은 세월과 함께 썩습니다.

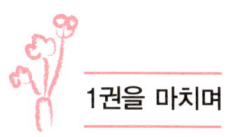
1권을 마치며

가정해부학은 '가정의 눈'을 가지고 전문적인 언어를 사용하여 가정을 이해하며, 그 작동 방법을 해석하는 학문입니다. 각 가정에는 가정을 작동시키는 특유의 방법이 있고, 그 작동 방법은 가족들의 특유한 협조로 독특성을 띠고 존재합니다.

한 사람이 아무리 폭력을 가해도 그 폭력이 지속되도록 해 주는 환경이 없이는 절대 작동하지 않습니다. 같은 폭력을 사용했다 할지라도, 정말 큰일이 난 것처럼 온 가정이 쑥대밭이 되어 완전히 박살나는 가정이 있는 반면, 언제 그랬느냐는 식으로 일상적인 일처럼 아무것도 아닌 양 지나가는 가정도 있습니다.

한 개인의 역동이 다른 사람들과 어떻게 엮어져 표면화되느냐 하는 것이 가정을 이해하는 핵심 개념입니다.

가정은 한 개인을 중심으로 생각할 수 없습니다. 가정은 전체입니다. 가정이 속해 있는 환경 전체입니다. 가정의 복합적이고도 섬세한 역동을 알아볼 수 있는 눈이야말로 가정이 어려울 때 도울 수 있는 힘입니다.

'가정의 눈'을 소유하십시오. 가정의 언어를 가지십시오. 가정이야말로 중심이 없는 포스트모던 시대의 구심점이 되는 중요한 관계적 기지입니다. 가정이야말로 21세기를 사는 우리에게 주어진 마지막 영적 기지이기도 합니다. 절대 잃어서는 안 될 전략적 영적 거점입니다. 가정이 무너지면, 세울 수 있는 어떤 관계도 없습니다. 특히 교회라는 정체성으로 살아가는 성도들은 '교회가 가정이며, 가정이 교회'라는 기본적이고도 상호적인 생존 관계를 잊어서는 안 될 것입니다.

자, 이제부터 시작입니다. 죽은 가정을 살리는 작업은 우리에게 주어진 마지막 사명이기도 합니다. 저와 함께 그 사명을 달성하기 위해 떠나 보실까요?

Shall we?